나는 도심 속에서
붓다의 길을 간다

나는 도심 속에서 붓다의 길을 간다
속세에서 깨닫는 붓다의 지혜

초 판 1쇄 2024년 02월 07일

지은이 조희전
펴낸이 류종렬

펴낸곳 미다스북스
본부장 임종익
편집장 이다경
책임진행 김가영, 윤가희, 이예나, 안채원, 김요섭, 임인영

등록 2001년 3월 21일 제2001-000040호
주소 서울시 마포구 양화로 133 서교타워 711호
전화 02) 322-7802~3
팩스 02) 6007-1845
블로그 http://blog.naver.com/midasbooks
전자주소 midasbooks@hanmail.net
페이스북 https://www.facebook.com/midasbooks425
인스타그램 https://www.instagram/midasbooks

ⓒ 조희전, 미다스북스 2024, *Printed in Korea.*

ISBN 979-11-6910-492-0 03190

값 19,000원

미다스북스는 다음세대에게 필요한 지혜와 교양을 생각합니다.

나는 도심 속에서 붓다의 길을 간다

조 희 전 지음

속세에서 깨닫는 붓다의 지혜

미다스북스

세상에는 성공하는 사람을 칭송하는 경향이 많다. 우리는 그들을 왕이라고 부른다. 야구를 잘하면 야구왕, 햄버거를 잘 팔면 햄버거왕, 노래를 잘하면 노래왕이라고 부르듯이 말이다. 먼 옛날부터 왕은 존재했다. 그 왕은 주로 통치자를 말하는 것이었다. 모든 것을 소유하고 마음대로 할 수 있는 권력까지 지닌 존재, 그들은 왕이었다. 하지만 옛날에 그 좋은 자리를 버리고 수행의 길로 나선 자가 있었다. 왕의 자리는 좋은 것이었으나 생로병사의 괴로움을 해결할 수 없었던 한 사내는 그 자리를 박차고 나왔다. 그리고 영원한 행복을 찾았다고 한다. 그 이름은 싯다르타, 지금 우리는 그를 붓다라고 부른다.

붓다는 고통에 빠진 인간들에게 연민을 느꼈다. 그는 룸비니 동산에서 다음과 같이 선언했다.

"하늘 위와 하늘 아래 오직 나 홀로 존엄하도다. 삼계가 모두 고통을 헤매나니 내 마땅히 이를 편안케 하리라."

나는 붓다의 지혜를 최대한 이 책을 통해 알리려고 한다. 고통을 해결하는 붓다의 지혜를 배워 지옥 같은 지구에서 평화롭고 행복하게 살기를 바란다. 나는 그 길이 꼭 머리를 깎고 수행하는 데 있다고 보지는 않는다. 세속의 집에 살더라도 마음을 평화롭게 가진다면 누구나 행복의 길을 찾을 수 있다.

요즘 들어 1인 가구가 부쩍 늘어났다. 붓다는 말했다.

"무소의 뿔처럼 혼자서 가라."

요즘은 결혼보다는 독신을 선택하는 시대이다. 그래서 붓다의 가르침이 그들에게 더 좋은 역할을 할 것 같다. 여럿이 가면 다툼이 있을 것을 확신했던 붓다는 혼자서 깨달음의 길을 나섰고 깨달음을 얻었다. 홀로 사는 젊은이들이 비록 결혼하는 과거의 가족 구조를 계승하지 못하더라도 행복하게 살 수 있을 것이다. 그 길은 붓다의 지혜를 배우는 데에 있다.

성공보다 마음의 평화가 먼저

서점에서 책을 많이 샀다. 많은 책이 경제적 자유를 다루고 있었다. 한마디로 성공하는 법을 알려준다는 책들이 많았다. 그 책들을 읽고 났지만 괴로움만 커졌다. 성공을 다룬다는 책들은 성공을 안겨주지 않았다.

오히려 더 큰 괴로움을 주었다. 나는 성공을 다룬 책들에 질려 버렸다. 그 책들은 길을 가르쳐 주기는 했으나 실상은 더 큰 고통을 안겨주는 책이었다. 내가 했으니 너도 나의 전략을 이용해서 나만큼 성공해보라고 꾸짖는 것 같았다. 하지만 그들 역시 삶의 여러 문제로부터 자유롭지 못했고 고통받는 사람에 불과했다. 만일 그들의 말이 사실이었다면 그들의 책들은 내 마음을 평화롭게 만들고 행복하게 만들었을 것이다. 나는 수많은 거짓 스승들을 더이상 읽고 싶지 않았다. 그래서 거짓 성공자들이 아닌 진실로 인생의 진리를 깨닫고 자유와 행복을 얻은 사람의 이야기를 다루어 보고 싶었다. 그래서 나는 붓다의 삶을 다룬 책을 쓰기로 결심했다. 시작은 한 줄 한 줄 적어가는 것이 고작이었다. 하지만 차츰 원고를 써가면서 지극한 행복감을 느꼈다. 내가 이 책을 쓰면서 행복했던 것처럼 이 책이 사람들의 삶에 도움을 주고 행복을 주었으면 좋겠다. 너무도 분명하게 행복한 인생을 살았던 붓다를 다룬 책이기에 소기의 효과를 거둘 것으로 확신한다.

부처님은 나의 희망이었다

어쩌다 보니 20살 이후로 줄곧 혼자서 지내왔다. 일시적으로 둘일 때도 있었지만 36살까지의 내 인생을 놓고 보자면 혼자인 시간이 많았다.

어쩌다 보니 결혼 시기도 놓쳐버렸고 늦은 나이로 혼자 지내게 되었다. 혼자 지내다 보니 커플이나 부부들이 경험할 수 있는 많은 행복을 경험하지 못한다는 생각이 들었다. 그때 나를 구원해 주었던 것은 붓다였다. 아내와 자식을 버리고 홀로 수행에 나섰지만 결국 깨달음을 얻어 세상에서 가장 행복해진 붓다. 그리고 영원한 행복을 찾았다는 붓다의 삶을 보며 나도 부처님처럼 살아야겠다고 마음먹었다. 비록 혼자지만 누구보다도 행복할 수 있고 행복해야겠다고 다짐했다. 어쩌면 부처님은 나의 희망이었던 셈이다.

지금은 조금은 덜하지만 혼자 살면 결혼하지 않는 것에 비해 이상하게 보는 사회적 분위기 속에서 나를 지켜주었던 것은 부처님의 철학이었다.

"아내를 갖고자 하지 말며 하물며 자식이라니."

라고 부처님은 말했다. 이 말에 따라 결혼하지 않고서도 충분히 행복할 수 있다는 믿음을 가지게 되었다. 그리고 실제로 행복해졌다.

사실 이 책을 쓰기 시작하게 된 계기는 단순했다. 욕망이란 게 사람을 괴롭게 한다는 사실을 깨달았기 때문이다. 구역질이 나고 어지러워지는 증상을 겪고 나서 내 욕심이 나를 죽인다는 것을 깨달았다. 그때 떠오르는 사람이 있었다. 그것은 부처님이었다. 인류의 고통 받는 자를 깨우치기 위한 삶을 살았던 그를 떠올리며 부처님의 길이 진리라는 사실을 뒤늦게 깨달았다.

힘으로 상징되는 세상의 가르침은 남성적이다. 이에 반해 부처님의 리더십은 여성성을 함유하고 있다. 사실 부처님은 성별을 구분할 필요가 없다. 우리가 부처님에게서 배우고자 한다면 그의 성별을 보아야 할 것이 아니라 그가 펼친 가르침을 살펴보아야 한다. 부처님은 자신의 가르침을 우유에 비유했다. 그리고 자신의 가르침은 맛볼수록 끊임없이 맛보고 싶은 진미와도 같다고 했다.

흔히 부처님의 가르침은 세속을 벗어난 것으로 말하기 쉽다. 그래서 불교를 믿는다고 하면 속세를 벗어나 중이 될까 걱정하는 사람도 있다. 그리고 세상을 벗어났기에 세상 속에서 사용되기는 어렵다고 생각하는 경우도 있다. 그렇다면 부처님의 가르침은 속세를 벗어났기에 현실 세계에 쓸모가 없는 것일까. 나는 그렇지 않다고 본다. 부처님의 지혜가 담긴 가르침은 현실 속에서 누구의 가르침보다 쓸모가 있다고 본다. 예수님의 가르침이 서구에 잘 알려진 것에 비하면 부처님의 가르침은 잘 알려져 있지 않다. 그것은 부처님이 직접 종파를 만들거나 제자를 키우기 위해 애쓰신 분은 아니시며 자신의 가르침을 전하려고 했던 수준에 그쳤기 때문이다. 이 책은 부처님의 가르침을 쉽고 재미있게 사람들에게 전파할 것이다. 불교의 용어, 개념, 이야기, 경전 등을 통해 부처님의 가르침의 핵심만을 재미있고 이해하기 쉽게 전하기 위해 노력했다. 또한 붓다의 가르침을 통해 속세에서 꿈을 이루고 행복하게 사는 법을 알려줄 것

이다. 이 책을 읽은 모든 이들이 부처님의 마음을 깨닫고 행복에 젖을 것
을 확신한다.

목차

1장

부처님 리더십이
인생을 바꾼다

무욕의 리더십

부처님의 리더십은 사실 무언가를 위한 것은 아니다. 예수님의 리더십은 하늘나라를 구현하기 위해 시작된 것이다. 이에 비해 부처님의 리더십의 시작은 단지 고통에 괴로워하는 인간들을 구제해주기 위함이었다. 먼 사후세계를 따질 것도 없이 단지 현세의 고통을 덜어주고자 했던 애민정신에서 나온 리더십이었다. 또 그것으로 무언가를 얻고자 하는 욕구도 없었다. 하느님의 우편에 오를 것이라고 선언했던 예수님과는 달리 부처님은 자신을 신격화하지도 않았다. 단지 자신을 깨달은 자, 붓다라고 선언했다.

붓다의 가장 큰 특징은 욕심이 없다는 것이다. 욕심이 없기에 사람들을 공격하거나 괴롭히는 그런 행위는 하지 않는다. 자연스러운 능력의 발휘를 추구하기에 더욱 효과적으로 사람들은 자신의 잠재력을 뽐낼 수 있다. 붓다는 이런 무욕의 리더십으로 사람들을 가르쳤고 그의 제자들은 한 명도 빼놓지 않고 모두 행복했다.

하지만 현대를 살아가는 현대인의 삶은 어떨까. 사실 직장은 전쟁터이고 업무는 전투로 보아야 한다. 붓다의 가르침을 받는 자 역시 목숨 걸고 싸워야 하는 곳이 직장이다. 우리는 때론 무언가에 집착하고 화를 내가면서 일을 한다. 전쟁터에서 꽃을 든 자는 총을 맞아 죽을 뿐이다. 이런 현실적인 입장을 모르는 바가 아니다. 그런 면에서 부처님의 가르침은 속세에서 펼치기에는 매우 어렵다는 것을 안다. 하지만 부처님은 평화와 미소로 마라의 군대를 물리쳤다. 마찬가지로 직장인 역시 자비와 평화의 마인드를 가지고 일과 사람을 대해야 한다. 부처님은 그 길만이 사람을 평화와 행복의 길로 이끈다는 사실을 알려 주셨다.

존중의 리더십

붓다는 사람들을 존중했다. 그 당시 사회는 계급으로 철저히 나누어져 있는 상태였다. 특히 불가촉천민은 몸에 손이 닿는 것조차 꺼리던 최하의 사람으로 취급되었다. 하지만 붓다는 불가촉천민을 포함한 모든 계급의 사람들이 깨달음의 경지, 즉 붓다가 될 수 있다고 가르쳤다. 그에 대해 다음과 같은 이야기가 있다.

부처님이, 길에서 전타라 천민을 만나셨다.
"가까이 오지 마세요. 최하의 천민이에요."
똥거름 통을 짊어진 전타라가 부처님을 피했다.
"전타라일수록 제도를 해야 한다."

부처님이 전타라의 손을 잡으셨다. 몸이 닿기만 해도 안 된다는 불가촉천민의 손을 잡으신 것이다.

"손을 놓으셔요, 놓으셔요, 놓으셔요!"

몸부림치는 전타라의 손을 꼭 잡고, 강으로 가셨다. 천민의 몸을 씻으시고 기원정사로 이끄셨다. 머리를 깎고, 법복을 입혀, 정진을 시켰더니 한 달 만에 6신통을 지니게 되었다.

부처님의 가르침은 계급에만 있는 것은 아니었다. 계급과 더불어 남녀의 차별도 없었다. 남녀평등이라는 개념 자체가 없었던 그 당시 여성에게도 붓다가 될 수 있는 수행의 길을 열어 두었던 것이다. 이것이 나는 붓다가 사람들을 최고로 존중했음을 나타내는 행위라고 본다.

※전타라: 인도의 카스트 밖의 가장 낮은 계급의 종족

평화의 리더십

부처님은 평화를 상징한다. 부처의 시절 전쟁이 날 위기가 여러 번 있었으나 부처님은 그 전쟁을 막으셨다. 부처의 제자라고 할 수 있는 현대의 틱낫한 스님(2022년 입적)이나 달라이 라마 등이 평화운동에 헌신하는 이유도 그에 있다.

"너희들이 내가 화평을 주려고 하는 줄 아느냐. 나는 너희에게 검을 주고자 함이다."

라고 말했던 예수님과는 달리 부처님은 분쟁을 없애는 데 초점을 두었다.

"자신의 가족이 원수이고 부모보다 자신을 따르라."

고 했던 예수님과는 달리 부처님을 믿는 것은 가족 간의 갈등을 일으키지 않는다. 그런 면에서

"부처님의 가르침은 지극히 평화적이다."

라고 말할 수밖에 없겠다.

부처님은 장수가 아니셨다. 김유신 장군이나 이순신 장군처럼 만 명의 적을 베는 공과는 이루지 못했다. 하지만 부처님은 이미 마라와의 전쟁에서 승리한 자이다. 그것도 칼과 무기를 쓰지 않고 꽃을 사용하여 말이다. 부처님의 평화 앞에 마라의 군대는 고개를 숙였다. 부처님의 평화는 이미 칼을 이긴 것이다. 칼보다 펜이 강하다는 말이 있다. 하지만 부처님의 평화의 손길은 펜보다도 더 강하다. 부처님의 자비의 가르침은 이 세상의 갈등과 분쟁을 녹이기 때문이다.

붓다는 말한다.

"자기 자신을 이기는 자가 전쟁에서 수천 명을 이기는 것보다 낫다."

결국 자신에게 가장 큰 적은 자신이고 가장 이기기 힘든 상대 역시 자

신이라는 이야기이다.

배려의 리더십

부처의 가르침 중 가장 큰 것이 바로 배려이다. 부처는 가난한 자나 부자인 자에게나 남자에게나 여자에게나 지위가 높은 자에게나 낮은 자에게나 모두 똑같은 가르침을 폈다. 이는 부처가 모든 계급의 모든 사람을 잘 배려했다는 증거이기도 하다. 부처는 사람들을 잘 배려했고 그들에게 맞는 설법을 했기에 많은 사람이 붓다의 가르침을 의심 없이 잘 받아들일 수 있었던 것이다.

부처가 각 계층의 다양한 사람들에게 설법할 수 있었던 것은 그들을 잘 배려했기 때문이다. 현대의 교육학자 나딩스는 교육에 있어서 행복과 배려를 중시한다. 이는 붓다의 철학이 단지 과거의 것이 아니라 현대의 교육철학에서도 활용할 수 있는 개념이라는 것을 보여주고 있다고 할 수 있다.

배려에 대해서는 한 세일즈맨의 이야기가 생각난다. 한 세일즈맨은 집에 들어갈 때마다 손수건 위에 자신의 가방을 놓았다고 한다. 자신의 가방이 혹여나 방문하는 집을 더럽힐까 봐 미리 준비한 손수건 위에 가방을 올려놓은 것이다. 그런 작은 배려 덕분일까. 그는 세일즈맨으로 승승 장구했다고 한다.

이런 배려의 사례는 에버랜드에서도 발견되었다. 한 사람의 소중한 반지를 찾기 위해 변기를 해체해가면서 반지를 찾아 주었다는 이야기나, 아이의 발이 추울까 봐 아이의 발 아래에 손바닥을 올려주어 화장실을 사용하게 만들었다는 이야기이다. 이런 배려의 사례는 기업이나 세일즈맨들도 하는 것이다. 불교의 가르침을 배우는 사람이라면 누구나 이런 배려의 자세를 가져야 한다.

평등의 리더십

아무리 성공하려고 발버둥을 쳐도 성공하지 못하고 있는가. 남들이 나보다 앞서감에 괴로운가! 이 문제를 해결한 사람이 있었다. 그는 20세기 공산주의자도 아니고 무려 2,500년 전의 사람이다. 맞다. 그 사람은 붓다이다. 붓다는 평등한 삶의 공동체 승단을 만들었다.

승단에 들어간 사람은 각기 똑같은 옷과 발우를 지녔고 평등하게 생활했다. 그랬기에 그들은 불만도 없었고 마음의 평화를 지녔던 것이다.

한 사람이 붓다의 승단에 온 적이 있다. 그 사람은 승단의 사람들이 편히 땅바닥에서 잠을 자는 것을 보았다.

"이 사람들은 이불도 없는데 땅바닥에서 편히 자는군요."

붓다는 이렇게 말했다.

"마음이 평화로우면 아무데서나 편히 잘 수 있는 것이지요."

승단의 사람들은 마치 술에 취한 취객처럼 편히 땅바닥에서 잔 것이다.

모두가 공평하고 똑같이 생활하는 삶. 어쩌면 21세기의 우리에게는 판타지처럼 느껴지는 사회이다. 하지만 이미 2,500년 전 붓다가 완성한 삶의 형태이다. 붓다의 가르침에 따르면 모두가 똑같은 밥을 먹고, 똑같이 생활하고, 똑같이 잠을 잔다. 어쩌면 공평하고 평등한 삶이기에 누구나 불만과 부족함을 느끼는 일 없이 자신의 마음만 잘 관리한다면 행복하게 살아갈 수 있는 것이다.

필자는 실제로 절에서 생활한 적이 없어 그 자세한 사정은 모른다. 하지만 부처님은 자신의 가르침에 잘 따른다면 누구나 행복하게 살 수 있다는 가능성을 보여주었다.

깨끗함의 리더십

불교의 특징은 깨끗하다는 것이다. 종교의 폐해는 역사적으로 많이 알려져 있다. 나라의 초기에는 종교가 깨끗하고 자비로워 그 역할을 다하지만 나라가 말기에 이르면서는 종교와 나라 전체가 동시에 몰락하기 쉽다. 중생을 교화해야 할 종교단체가 먼저 부패하는 일도 역사적으로 많았다. 불교도 예외적일 수 없다. 불교문화를 화려하게 꽃피운 나라도 많았으나 나라의 부정부패와 결탁해 좋지 못한 종교의 모습을 보인 적도 많았다.

하지만 부처님의 가르침은 원래가 깨끗한 것이다. 부처님은 진흙 속에서 연꽃이 핀다고 표현했다. 이 말은 세상은 진흙같이 더러우나, 그 속에서 부처님의 지혜 곧 연꽃 같은 맑고 아름다운 가치가 탄생한다는 것이었다. 그리고 세속의 사람들에게 연꽃 같은 지혜와 자비를 가질 것을 당부했다.

모든 종교의 취지가 그렇겠지만 원래 불교의 취지는 선과 공덕을 쌓고 사랑하며 살자는 것이다. 이 본질적인 불교의 메시지에 집중한다면 오늘날의 불교 역시 그 종교로서의 역할을 다할 것이다.

사실 우리나라에는 훌륭한 스님들도 많다. 반면 일부의 종교인들이 잘

못된 행동으로 지탄을 받은 적도 있다. 절 역시 사람들이 사는 곳이라 본연의 깨끗함을 잊고 더러워지는 일들이 발생할 수도 있다. 우리가 할 일은 본연의 종교적 가치에 집중하고 자신을 수양하는 데 있을 것이다.

자비의 리더십

여래의 가르침은 자비의 가르침이다. 자비란 무엇인가? 사랑이다. 예수님의 가르침과 동일하다. 신이라고 불리는 예수님처럼 붓다 역시 사랑의 가르침을 가르쳤다. 나는 여기서 붓다를 신이냐 인간이냐를 가지고 논쟁하지 않겠다. 그것은 엄연히 각 개인의 믿음의 문제이다. 나는 단지 붓다가 어떤 가르침을 폈는지에 집중하고자 한다. 붓다는 사람들을 어머니가 자신의 외아들을 대하듯이 하라고 하였다. 사람들을 진정으로 사랑하는 자라면 붓다를 모르더라도 붓다의 가르침을 따르고 있는 것이다. 사람들은 돈, 명예, 쾌락을 추구하곤 한다. 하지만 진정한 행복은 사랑 안에 있다는 것은 누구나 아는 진실이다. 사랑의 부족은 결국 인간을 방황하고 피폐하게 만든다. 연예인들이나 유명인들이 도박중독이나 마약중독에 빠지는 경우를 본다. 그들은 더 짜릿한 쾌감을 위해서 보통 인의 삶을 벗어나 자신을 망가트리는 길을 선택한 것이다. 이는 모두 진정한 사랑의 부족 때문에 온 것으로 보인다. 그들이 사랑받고 기대받는다는 진정한 사랑과 함께 했다면 그들은 타락하지 않았을 것이다. 진정으로 사랑받는 느낌을 받는다면 그 사람은 엇나갈 리가 없다. 요즘 아이들의 문제 행동도 마찬가지이다. 결국 가정에서의 사랑의 부재가 비행 청소년을 만드는 경우가 많다.

이런 문제 많은 현대인에게 특효약인 게 바로 붓다의 자비이다. 흔히 자비, 그것도 모자라 크다는 뜻의 대(大)를 붙여서 대자비라고 불린다. 붓다의 사랑 앞에 흔들리거나 방황하는 이는 없을 것이다. 붓다의 사랑을 맛보면 누구나 사랑을 알아차리게 된다. 연인이나 부모의 사랑보다도 더 깊은 붓다의 자비를 통해 당신의 삶에서 행복을 발견하라. 그 길은 이 책을 끝까지 읽는 데 있다.

눈물의 리더십

가슴 아픈 일이 있던 날에도 나를 묵묵히 지켜봐 주던 사람이 있다. 그 사람은 붓다이다.

당신도 붓다 같은 사람이 있는가?

사람들의 고통을 덜어주기 위해 태어난 존재. 35세에 깨닫고 남은 생애를 자신의 깨달음을 남기기 위해 살았던 존재.

당신이 눈물 흘리면 뒤돌아서서 눈물 닦아줄 사람. 당신은 그 사람을 가졌는가!

사람에 지칠 때가 있다. 인간으로부터 벗어나고 싶을 때, 인간이 싫증 나고 못 견딜 때, 인간이 밉고 싫을 때, 그대 곁에는 늘 부처님이 있었다.

눈물의 리더십을 보였던 사람은 유비이다. 유비는 큰 문제가 있을 때마다 눈물을 흘렸다. 그의 눈물은 다른 사람의 마음을 움직이게 했다. 늘 웃었던 조조와는 달리 유비는 속절없이 울뿐이었다. 그게 사람들의 가슴을 울렸다. 하지만 부처님의 리더십은 미소뿐이다. 부처님도 눈물의 의미를 모르는 것은 아니다. 부처님도 슬픔을 느끼시는 분이다. 하지만 울어봐야 아무 쓸모가 없다는 사실을 부처님은 알기에 울지 않고 미소만 지으신 것이다.

부처님은 절에 가야만 보이는 게 아니라 깨달으면 그 자리에서 바로 보이는 게 붓다이다.

붓다의 가르침은 결국 희망은 인간에게 있으며 인간에게서 희망을 찾아야 한다는 사실을 잘 알려준다.

감사 리더십

붓다는 걸식을 하면서 지냈다. 왜 그가 노동의 세계를 버리고 걸식의 세계로 들어갔는지 나는 온전히 이해하지 못한다. 하지만 분명한 것은 그는 복을 지어 보시하는 자들에게 지극한 감사를 지녔다는 것이다. 그의 철학은 보시를 받아 생활하는 것이다. 또한 보시를 통해 굶주림을 면하고 자신의 공덕을 나누어 주었다. 그들이 보시하게 함으로써 그들 스스로가 공덕을 쌓고 구원받을 수 있다고 보았던 것이다.

나는 현대 세계 속에서 직장을 잡고 일을 하고 있다. 그리고 그것을 자부심으로 살아간다. 하지만 붓다가 보기에 그것은 단지 욕망에 불과한 것일지도 모른다. 고통에서 벗어나지 못하고 세속에 물든 나에게 붓다는 어떤 가르침을 줄 것인가. 물론 당장이라도 머리를 깎고 붓다의 길을 걸어가는 것이 옳다. 하지만 인간적인 욕심으로 그것을 행하지 못한다면 나는 현실 속에서 붓다와 같이 살아가기로 결심하였다.

내가 붓다처럼 살기로 하고 시작한 것은 하루 5분 명상이었다. 사실 명상은 붓다의 가르침에서 빼놓을 수 없이 중요한 것이다. 달라이 라마는 하루에 몇 시간씩 명상을 한다지만 나는 스님도 아닌 일반인이기에 그렇게까지 투자할 시간은 없다. 하지만 하루의 짧은 명상을 통해 마음과 생각을 비우는 것은 나의 삶을 청정하게 하는 데 도움을 준 것 같다. 그리고 두 번째 실천은 보시를 행하는 것이었다. 작은 금액이라도 보시하고, 물질적인 보시가 아닌 무재 칠시를 실천하면서 살기로 결심했다. 세 번째는 먹을 것에 대한 욕심을 줄이는 것이었다. 붓다는 음식을 약을 먹듯이 먹으라고 하였다. 나는 배달음식을 줄이고 가급적 집에서 소박한 한 상을 차려먹는 것을 지향하기로 했다. 그리고 마지막은 욕심 줄이기였다. 돈과 이성에 대한 욕망을 줄이고 살아가기로 결심했다. 나는 이런 수행을 방안에서 실천해 나갈 것이다. 내가 사는 곳은 산속의 한 절이 아니지만 집에서의 수행을 통해 마음 편히 살 수 있다면 나 역시 수행자 못지 않는 삶을 살 것임을 확신한다. 또한 내게 부족한 점이 있다면 그것은 불교 서적을 읽어가면서 채워 나가려고 한다.

셀프 리더십

붓다의 리더십은 셀프 리더십이다. 그것은 자신을 의지처로 삼아 부지런히 나아가는 것이다. 붓다의 리더십은 다른 사람에게 의존하거나 영향받는 게 아니다. 스스로 길을 찾아 자신의 길을 묵묵히 걸어가는 것이다. 물론 길은 붓다가 가르쳐 줄 수 있다. 하지만 직접 걸어가야만 한다. 붓다는 말했다.

"나는 스스로 길을 찾았다. 역사적으로 나보다 완전한 자가 없으니 누구를 스승으로 할 것인가."

붓다는 스스로 눈 뜬 자로 자신을 붓다, 즉 여래라고 하였다. 또한 출생 신화는 다음과 같다.

붓다는 태어나자마자 말했다.

"천상천하 유아독존이니 내가 세상을 평화케 하리라."

하늘과 땅 사이에서 오로지 자신이 존귀하다는 뜻이다. 이는 자신만이 존귀하다는 것이 아닌 모든 중생의 존귀함을 선언한다고 보아야 한다.

붓다의 이런 셀프 리더십은 독특한 것이다. 예전부터 사람들은 무언가를 배우려면 누군가에게 전수받아야 한다고 생각하였으나 부처는 오직 스스로의 힘으로 깨달았기 때문이다.

붓다의 이런 셀프 리더십은 교육에도 적용된다. 유명한 문장이 하나 있다. 그것은 '물고기를 주지 말고, 물고기 잡는 법을 가르쳐라.'라는 문장이다. 어릴 때부터 스스로 공부하는 습관을 들인 아이는 나중에 커서도 스스로 공부해가면서 자신의 학문을 완성해 나간다. 남의 도움만을 받는 것이 아닌 스스로 무언가를 행한다는 것, 그것이 바로 셀프 리더십을 완성시킬 것이다.

붓다의 리더십에 매료되다

내가 붓다 리더십에 빠지게 된 것은 붓다를 누구보다 추종했기 때문이었다. 누구보다도 부처님과 닮은 삶을 살고 싶었다. 평안과 자유를 얻고 싶었다. 또한 나를 괴롭히는 누구를 만나더라도 넉넉하고 따뜻한 마음씨로 그들의 부모와 같은 가르침을 전해주고 싶었다. 나는 붓다 바라기이다. 붓다의 말처럼 머리 깎고 수행할 용기는 없었다. 하지만 현실을 살아가면서 현실 세계 속에서 붓다를 닮고 싶었다.

그리고 그게 가능할 거라 믿었다. 나는 평화의 도구가 되고 싶지 정복자가 되고 싶지 않았다. 정복자가 되고 싶다면 자신을 정복한 붓다 같은 사람이 되고 싶었다. 일부 종교에서는 붓다를 사람으로 격하시키면서 그의 가르침을 부정한다. 하지만 나는 붓다가 사람일지라도 인간으로서 최고의 경지에 이르렀다는 것을 알고 있다. 그를 신격화하든 그렇지 않든 간에 우리 인류의 가장 위대한 스승임에는 분명한 것이다.

재미있는 불교 이야기

이야기로 쉽게 깨닫는 불교

불교를 접하면서 여러 개념들이 어렵다는 생각을 많이 했다. 그리고 배경 지식 없이 경전을 읽는 것은 맨땅에 헤딩하는 듯한 기분이었다. 이때 만난 게 불교 이야기였다. 이야기라면 누구나 쉽고 재미있게 불교에 접할 수 있지 않을까 싶었다. 나 역시 이야기를 통해 불교에 쉽게 접근할 수 있었다. 광우스님이라는 분이 있는데 그 분은 주로 이야기를 통해 설법을 하시는 분이었다. 그분의 이야기를 통해 불교에 더 빠져들게 된 것 같다. 이 장에서는 내가 지금까지 듣거나 읽었던 부처님에 관한 이야기를 담아 두었다. 부처님의 생애라든지, 불교적 깨달음, 그리고 제자들을 비롯해 수많은 사람들을 포교한 이야기를 모았다. 이 이야기를 통해 불교에 대해 흥미를 느낄 것이며, 불교의 가르침을 간접적으로 체험할 수 있을 것이다.

「안수 정등」의 우화

달려드는 코끼리를 피해 도망가던 남자가 우물을 만났다. 등나무 줄기를 붙잡고 우물 아래로 내려가자 바닥에는 구렁이들이 입을 쩍 벌리고 있는 것이 아닌가? 머리 위를 올려다보니 설상가상으로 흰 쥐와 검은 쥐가 나무줄기를 갉아 먹는 중이었다. 그때 머리 위로 무언가 떨어졌다. 손가락으로 찍어 보니 달콤한 꿀이었다. 남자는 죽을 위기에 처한 것도 잊고 정신없이 꿀만 받아먹었다.

코끼리는 세상의 무서운 적이고 우물 속으로 빠진 것도 위기이다. 그런데 바닥에는 구렁이들이 있고 붙잡은 줄을 생쥐들이 갉아대고 있으니 참 인생은 어디로 가야 할지 모르겠다. 그런데도 남자는 머리 위로 떨어진 꿀에 정신이 팔려있으니 인생은 가련하지 않은가.

하지만 다시 생각해보면 꿀이라도 있으니 인생의 괴로움을 잊고 사는 게 아닌가 싶다. 인생이 결국 죽음이라는 비극으로 끝날지라도 잠시 취하게 하는 마취제 역할을 하는 꿀물이 없다면 인생은 어디에서 재미를 찾을 것인가. 코끼리와 용감하게 싸우는 사람이 있을지는 모른다. 하지만 인생의 코끼리를 만나서 싸워 볼 배짱을 가진 사람이 몇이나 되겠는가. 그런 점에서 모든 중생의 삶은 안타깝다.

부처의 성장 이야기

스승을 찾아라

– 싯다르타 첫 스승을 만나다

해탈을 하기 위한 수행에 나선 싯다르타는 첫 스승을 만났다. 그는 아라다 카라마라고 불리는 한 선인이었다. 그는 제자 300여 명을 거느리고 있었다. 싯다르타는 그의 명성을 듣고 그를 찾아갔다.

싯다르타는 아라다 카라마에게 선정을 배웠다. 그 선정이란 무소유처정이라고 불리는 것이었다. 하지만 싯다르타는 그곳에 머무른 지 오래 지나지 않아 스승의 깨달음을 성취했다. 아라다 카라마는 기뻐하며 같이 교단을 이끌자고 권유하였다. 하지만 싯다르타는 그것이 완벽한 해탈의 길이 아님을 확인하고 길을 나섰다.

– 싯다르타 두 번째 스승을 만나다

싯다르타는 아라다 카라마를 떠나 한 동굴에 머물렀다. 싯다르타는 우드라카 라마푸트라라는 선인의 소문을 듣고 그를 찾아갔다. 그에게는 700여 명의 제자가 있었다. 그 지방 사람들이 모두 그의 제자였으며, 그는 존경받고 있었다.

우드라카 라마푸트라는 비상비비상처라는 경지를 가르쳤다. 그것은 수행자들이 도달할 수 있는 최고의 선정을 말하는 것이었다. 머지않아 싯다르타는 그의 경지에 도달했다. 우드라카 라마푸트라 역시 아라다 카라마처럼 같이 교단을 이끌자고 했다. 하지만 생사윤회 해탈을 꿈꾸는 싯다르타는 그의 청을 거절하고 진리의 길을 찾아 다시 길을 나섰다.

싯다르타가 수행을 하기 위해 제일 먼저 한 것은 스승을 찾아 나선 것이다. 처음부터 자신 스스로 하겠다고 하지 않았다. 그는 그 지역에서 수행을 잘하기로 가장 유명한 스승을 찾았다. 그때 당시 세계로의 여행은 불가능했고 그 지역에서 그리 멀지 않은 곳까지밖에 가지 못했다. 그것을 생각한다면 그는 세계 최고의 스승을 찾았던 것이다.

그는 스승의 중요성을 알았고 배우기 위해서는 스승의 말을 잘 따라야 한다는 것을 알았다. 그는 스승에게 머리를 숙이고 배울만한 용기와 성품을 가지고 있었다. 그렇기에 위대한 스승은 그에게 자신의 깨달음을 전해주었고 싯다르타는 완벽하게 그것을 익힐 수 있었던 것이다.

붓다는 왕궁에 있을 때 그는 각종 교사와 박사들로부터 학문과 무예를 배웠다. 그리고 수도를 위해 왕궁을 나섰을 때 그는 가장 먼저 스승을 찾아 나섰다. 첫 번째 스승은 그에게 가르침을 주었고 그는 그 스승을 본받기 위해 최선을 다했다. 그가 첫 번째 스승을 떠난 것은 스승으로부터 배울만한 모든 것을 완벽하게 배웠기 때문이었다. 붓다는 두 번째 스승을 찾았고 역시 그에게서 배울만한 모든 것을 배웠다. 그는 이 두 스승이 있었기에 한 단계 한 단계 발전된 수행을 할 수 있었다.

– 최후의 배움은 독학이다

부처는 스승을 찾아서 배웠으나 그것이 완전한 진리가 아님을 알았다. 그는 스승들에게서 머무르며 교단을 형성할 수도 있었으나 그의 완벽주의는 불완전한 가르침을 용서하지 못했다. 그래서 그는 완벽한 진리를 찾기 위해 길을 나섰다. 그것은 결국 스스로 깨닫기로 결정한 것이었다.

그는 홀로 수행했다. 오히려 그를 따르는 수행자가 5명이나 생겼다. 그들은 싯다르타가 우드라카 라마프트라는 선인의 경지를 이루고도 그에 만족하지 않고 진정한 깨달음을 얻기 위해 홀로 수행해 나선 것을 높이 평가해 그를 따른 것이다. 하지만 붓다는 그들의 스승이 되지는 않았고 같이 수행하는 사람으로 여겼다. 붓다는 완벽한 깨달음을 위해 고행의 길을 걸었다. 최후에 그는 중도의 가르침을 얻고 붓다로 거듭났다. 결국 혼자만의 수행을 통해 스스로 눈뜬 자가 된 것이다.

붓다의 성장 이야기에서 깨달을 수 있는 지혜는 먼저 스승을 찾으라는 것이다. 우리가 어떤 일을 할 때는 먼저 스승을 찾는 것이 중요하다. 부처 역시 가장 먼저 깨달음의 도가 높은 스승을 찾아갔기에 순식간에 많은 것을 배우고 진보할 수 있었다. 만약 그가 처음부터 혼자서 깨달음을 추구하려고 했다면 아마 더 많은 시간이 걸렸고 영원히 깨닫지 못했을 수도 있다. 현재에도 우리는 대학에 박사학위라는 제도가 있다. 박사학위를 딴 이후에야 그때부터 자신 스스로의 학문에 대한 연구를 할 수 있는 권위가 주어지는 것이다. 그것은 먼저 박사에게 배우라는 의미일 것이다. 그런 면에서 필자 역시 다시 대학교에 들어가 학문을 연장해 배우는 노력 등을 하고 있다. 혼자서 책을 보는 것도 좋지만 여러 사람들과 같이 교수님의 가르침을 배우는 것도 배움에 효과적일 것이다.

그리고 그다음에 하는 것이 바로 혼자만의 수행이다. 현대적으로 설명하자면 혼자만의 연구가 필요한 것이다. 스승이 줄 수 없는 것, 풀리지 않는 의문에 대해 스스로 그 문제를 해결하겠다는 마음을 가지고 돌진하는 것이 필요하다는 것이다. 많은 인류의 뛰어난 과학자들이 이런 과정을 그대로 따랐다. 뉴턴은 자신이 거인의 어깨 위에 있었기에 더 멀리 내다볼 수 있었다고 말했다. 다른 스승들의 가르침이 소중했고 자신 역시 연구에 몰두했기에 근대 과학시대를 연 뉴턴의 연구가 빛을 발했던 것이다. 아인슈타인 역시 도서관의 수많은 책을 읽은 것을 바탕으로 상상력을 통한 자신만의 연구를 할 수 있었다.

카사바 3형제를 교화시키다

붓다 당시 그 사회에는 이미 수행자들의 무리가 있었다. 그중 가장 유명한 사람이 카사바 3형제였다. 우르베라 카사바, 나디 카사바, 가야 카사바 3형제는 모두 머리를 틀어 올려 수행한다 하여 결발 외도라고 불리며 각자 500명, 300명, 200명의 수행자가 있었다. 당시 사회로 보았을 때 상당히 큰 규모라고 볼 수 있다. 그에 비해 붓다는 이제 막 깨달은 존자로 그를 따르는 자는 채 60명도 되지 않았다.

깨달은 붓다는 그들의 수행수준이 부족함을 알고 그들을 교화시키기 위해 찾아갔다. 맏형 우르베라 카사바는 이미 100살이 넘은 사람이었다. 붓다는 성화당에서 하룻밤 쉬고 싶다고 말했다. 카사바는 성화당에 독을 품고 있는 용이 있다면서 거절했다. 하지만 붓다는 거듭 청했고 붓다는 성화당에서 묵었다. 거기서 붓다가 죽을 것을 기대했던 카사바였지만 붓다는 용을 제압하고 멀쩡히 나왔다. 이에 카사바는 놀랐지만 붓다를 대수롭지 않게 여겼다. 어느 날은 제사를 지내는데 카사바는 붓다를 사람들이 더 존경할까 봐 그가 오는 것을 꺼렸다. 붓다는 나타나지 않았고 나중에 붓다가 나타나자 카사바는 왜 오지 않았느냐고 물었다. 붓다는 말했다.

"당신은 내가 오지 않기를 바라지 않았는가?"

카사바는 그의 신통력에 놀랐다. 어느 날 강물이 쏟아져 붓다를 덮쳤지만 붓다가 있는 곳에만 물이 묻지를 않았다. 그제야 붓다의 위대함을 느낀 카사바는 붓다에게 머리를 숙였다. 카사바 형제들의 제자들은 모두 붓다의 제자가 된 것이다.

이처럼 붓다는 사람을 감동시켜 교화시켰다. 붓다는 카사바를 직접적으로 이길 수 있었으나 그에게 깨달음을 느낄 기회와 시간을 주었다. 그렇기에 자신감이 있었음에도 직접 나타나는 것을 피하기조차 했던 것이다. 붓다는 그렇게 자신이 정신적 우위에 있다는 것을 완벽하게 보여주었다. 그제야 카사바는 스스로 자신이 부족한 점을 깨닫고 붓다에게 귀의했다.

그런 점에서 사람을 움직일 수 있는 것은 감동에서 온다. 우리가 연인의 마음을 사로잡을 때 많이 사용하는 것도 감동이라는 감정이다. 상대가 예상한 것보다 훨씬 많은 것을 주었을 때 우리는 연인에게 감동을 느낀다. 그 감동이라는 감정이 우리의 마음을 열게 하고 사랑을 싹트게 하는 것이다. 붓다는 사람을 감동시킬 수 있었기에 사람들의 마음을 사서 사람들을 자신의 편으로 만들 수 있었다.

바보도 깨닫는다

붓다의 설법 이야기는 끝이 없다. 그중에 하나 재미있는 것은 바보를 깨닫게 만든 이야기이다.

붓다의 제자 중에는 주리 반특이라는 자가 있었다. 그는 일찍이 출가한 형을 따라 붓다에게 배웠으나 법문의 한 구절도 외우지 못했다. 도저히 출가 사문으로 살기 어려울 것 같아, 차라리 세속에서 나가서 살자고 마음먹고 나가려고 했다. 그때 붓다가 그를 붙잡았다. 붓다는 물었다.

"네가 잘하는 게 무엇이냐?"

주리 반특은 말했다.

"저는 청소를 잘합니다."

붓다는 그에게 '먼지를 털고 묵은 때를 닦아내라.'라는 게송을 일러주었다. 주리 반특은 매일 청소할 때마다 그 게송을 외웠고 이윽고 깨달음에 이르게 되었다. 사람들은 바보 주리 반특이 깨닫게 된 것을 보고 매우 놀랐다. 하지만 붓다에게 그의 깨달음은 너무도 당연한 것이었다.

내가 여러 이야기를 읽은 것 중에 가장 도움이 되었던 것이 바로 이 반특의 이야기였다. 바보였으나 단지 청소하는 것만으로 깨달은 반특이 인상적이었다. 바보도 깨닫는데 대학까지 나온 내가 깨닫지 못할 리가 없다고 생각하였다. 물론 깨달음은 학업 성적과는 관련이 없다. 하지만 선천적으로 지적 능력이 부족한 자도 깨달음을 얻는다면 일반인인 나 역시 깨달을 가능성이 높다고 생각했다. 나는 내가 하는 일로서 깨달음을 얻으면 된다는 생각이 들었다. 반특에게 그것은 청소가 되었다. 나에게 그것은 수업이 되면 될 일이다. 수업과 행정 일을 하면서 불법을 닦듯이 열심히 한다면 나 역시 직업인으로서 깨달음을 얻을 수 있을 것이다.

여러분도 당신만의 장점이나 하는 일이 있을 것이다. 그것을 자신의 열쇠로 삼아 거기서부터 깨달음의 자물쇠를 열면 되는 것이다. 반특에게 청소가 그것이 되었듯이 어떤 사람에게 그것은 독서나 운동, 혹은 직장에서 맡은 업무라거나 학생에게는 공부가 될 수도 있는 일이다. 그것을 열심히 집중하고 전념해서 한다면 불교적 깨달음을 얻을 수 있는 가장 쉬운 방법이 아닐까 싶다.

가섭이 10만 명을 교화하다

붓다의 제자 가섭은 10만 명을 교화했다고 한다. 그에게는 어떤 능력이 있었기에 10만 명이나 되는 사람을 교화할 수 있었을까? 다음의 이야기를 통해 알아보자.

사람을 감화하는데 탁월한 재주가 있었던 가섭이 붓다에게 사람을 교화하겠다고 했다. 붓다가 물었다.

"만일 사람들이 그대를 모멸하고 욕하면 어떻게 하겠는가?"

"저는 선하게 볼 것입니다. 그들은 때릴 수도 있는데 때리지 않았기 때문이지요."

"그렇다면 그들이 때린다면 어떻게 볼 것인가?"

"그들이 나를 때린다 해도 선하게 볼 것입니다. 그들은 죽일 수도 있는데 죽이지 않았으니까요."

"그렇다면 다시 묻겠다. 그들이 그대를 죽인다면 어떻게 하겠는가?"

"저는 그들에게 감사할 것입니다. 그들은 번뇌 많은 세상에서 나를 자유롭게 만들었기 때문입니다."

붓다가 말했다.

"그대는 어느 곳이나 가도 된다. 그대가 가는 곳은 어디나 극락이 될 것이다. 그대에게 어떤 문제도 없을 것이다."

가섭은 10만 명을 교화시켰다고 한다. 지금 봐도 어마어마한 숫자인데 과거에는 얼마나 그 영향력이 컸는지 알 수 있다. 하지만 가섭의 행동이나 말을 보면 그 숫자가 크다는 점에 놀라지 않게 된다. 그는 사람들이 욕하고 때린다고 할지라도 그들을 선하게 볼 것이라고 했다. 그리고 자신을 죽인다 할지라도 감사할 것이라고 말했다. 이는 십자가에 매달린 그리스도 못지않은 사랑이 담긴 설법이었던 것이다. 그렇기에 그에게 많은 신도가 따른 것으로 보인다.

가난한 여인의 등불

가난하면 보시를 잘 못할 것이기에 공덕을 얻을 수 없을까? 이에 대한 이야기가 있다.

붓다가 사밧타 성에 머물 때 난다라는 가난한 여인이 있었다.

붓다가 성에 오게 되자 사람들은 수만 개의 등불을 밝히고 연등회를 열어 부처님을 맞이할 준비를 했다. 가난한 여인도 기쁘게 부처님을 맞이하고 싶었다. 하지만 가진 돈은 별로 없었다. 간신히 초라한 등불 하나를 켜서 부처님을 맞이하였다. 여인은 작고 초라한 등불을 들어 부처님께 발원했다.

"보잘것없는 이 등불 하나를 밝힙니다."

이윽고 밤이 깊어 등불들이 다 꺼졌으나 여인의 등불만이 꺼지지 않았다.

이에 아난다가 불을 끄려고 했으나 꺼지지 않았다. 부처님이 말했다.

"아난다여, 부질없는 짓이다. 그 등불은 가난하고 외로운 여인의 정성

어린 불이다. 결코 그 불은 꺼지지 않을 것이다."

"그 여인은 성불하게 될 것이다."

이처럼 가난한 자라고 할지라도 자신의 것을 부처님께 드리면 그 공덕의 가치는 어마어마하다. 우리도 자신이 부자가 아니라는 이유로 보시를 미루고 있지 않은가. 돈 없이 할 수 있는 보시도 얼마든지 있으며 적은 돈이라도 보시하는 공덕은 커서 성불에 이르게 된다.

사실 나는 절에 보시한 적은 없다. 다른 곳에는 기부를 하면서도 늘 종교단체에는 기부하기를 꺼렸다. 아무래도 돈을 자기 마음대로 쓴다는 일부 종교단체들의 뉴스를 많이 접해 나도 모르게 부정적인 인식을 가졌던 것 같다. 나는 절에는 자주 놀러 갔는데 불전함에 돈을 넣기도 왠지 쑥스러웠다. 돈의 액수가 적기도 했고, 사람들이 있어서 조금 부담스러웠던 것 같다. 그래서 이번 기회에 인터넷을 이용해 불교 종교단체에 일시 후원을 하였다. 종교단체를 이끄는 분이 있기에 세상 속에서 종교적 가르침이 전파되는 것이고 그들의 역할이 크다고 생각한다.

대재정관이 된 마하둑가따

나라에서 가장 가난한 사람, 마하둑가따(극빈자)라는 사람이 있었다. 그 사람은 허기조차 면하기 어려웠다. 그에게 어떤 사람이 제안을 한다.

"이보게, 내일 부처님과 제자들이 우리 마을에 공양을 청하였네. 이런 위대한 공덕을 지을 수 있는 기회는 흔치 않으니 함께 공덕을 짓지 않겠는가."

"아니, 어르신. 저는 며칠째 먹지도 못했는데 제가 공양할 게 뭐 있습니까?"

"자네가 가난한 것은 자네가 공덕을 짓지 못했기 때문이라는 것을 모르는가. 공덕을 지을 기회를 놓치지 말게나."

마하둑가따는 자신의 하루 일당의 일부를 한 스님에게 공양하기로 마음먹었다. 하지만 막상 스님들이 왔을 때 그는 순서를 뺏겨 버렸고 오직 부처님께 드릴 공양만 남았다. 하는 수 없이 그는 부처님께 공양을 드리려고 하는데 부처님께는 수많은 장군과 왕족이 서로 공양을 드리려고 다투고 있었다. 부처님은 가장 가난한 자 마하둑가따의 공양을 받으셨다. 큰 부자는 말했다.

"마하둑가따여, 큰 집을 줄 테니 공양을 양보하지 않겠는가?"

마하둑가따는 대답했다.

"저는 큰 집과 제 공양을 바꾸지 않겠습니다."

부자가 말했다.

"그대에게 큰 집과, 금은보화, 하인들을 주고 신분을 높여줄 테니 내게 공양을 양보하지 않겠는가?"

"부자여, 저는 나라를 전부 주더라도 필요 없습니다. 전 오직 위대한 공덕을 짓고 싶습니다."

마하둑가따가 공양을 마치자 마하둑가따의 집에 보석비가 내렸다. 그 보석을 모아보니 나무 높이만큼의 보석이 쌓였다. 마하둑가따는 그 보석의 전부를 기부하였다. 국왕은 마하둑가따를 보고 놀랐고 그를 재정관으로 삼았다.

마하둑가따의 인생 역전 스토리는 흥미진진하다. 그는 단 한 번의 위대한 공덕을 통해 빈민에서 나라의 재정관이 되었다. 마치 성경에 나오는 요셉과도 같지 않은가. 요셉도 노예에서 애굽의 총리로 인생 역전을 이룬 사람 중에 한 명이다. 우리가 가난하고 비천하고 불리한 조건에 있더라도 기회가 없는 것은 아니다. 남을 위하는 마음과 자신의 운명에 대한 믿음이 있다면 인생 역전을 이끌어 낼 수 있는 것이 사람의 인생이다. 우리도 포기하지 않고 남들을 위한 공덕을 쌓으면서 살아가야 할 것이다.

이론 박사 말룽끼야 뿟다를 교화하다

말룽끼야 뿟다라는 자는 이론을 좋아해 세상의 근원에 관심이 많았다. 그는 부처님의 설법을 듣고서 물었다.

"우주의 시초는 무엇입니까? 사후에는 사람들은 어디로 가는 것입니까? 이것을 알기 전까지 수행하지 않겠습니다."

붓다는 이에 조용한 어투로 다음과 같이 설법하였다.

"사람이 독화살을 맞으면 하루빨리 뽑아야 살 수 있다. 하지만 화살을 뽑기 전에 어디에서 왔으며, 누가 쏘았으며, 그의 출신이 무엇이며 이 화살의 종류에 대해서 알기 전까지 뽑지 않겠다고 우기는 격이니 그대는 고통에서 벗어나지 못하리라."

이에 말룽끼야 뿟다는 깨닫고 부처님께 귀의하였다.

우리 주위에도 이론에만 능한 자가 있다. 그들은 이론에는 빠삭하나 실천에는 젬병이다. 머리로는 많이 아는 것처럼 떠들지만 사실 행동으로 못 옮기고 있는 경우가 허다하다. 이런 이론 박사들을 경계했던 게 바로 붓다이다. 붓다 역시 학문을 오래 닦았고 궁궐에 있을 때 박사들로부터 수많은 지식을 전수하였다. 하지만 그런 지식들이 생로병사를 극복하는 데 도움이 되지 않는다는 것을 알았기 때문에 지혜의 실천의 영역으로 들어갔던 것이다.

사리뿟따와 목갈라나의 죽음

붓다의 두 제자 사리뿟따와 묵갈라나는 열반에 들었다. 붓다보다 나이가 많았던 그들이 먼저 열반에 드는 것은 어쩌면 당연한 수순이었을지 모른다. 붓다는 그들의 유해를 사위성 시와 왕사성 시내의 탑에 안치하게 했다. 아난다를 비롯한 많은 사람들이 슬퍼하자 붓다는 말했다.

"아난다야, 우리는 사랑하는 사람들과 언젠가는 헤어져야 한다고 내가 가르치지 않았더냐. 생겨나고 존재하고 조건 지어진 것들은 언젠가는 무너지게 마련이다. 무너지지 않은 것은 있을 수 없다."

하지만 두 제자의 열반은 붓다에게도 큰 슬픔이었다. 두 제자가 입적하자 붓다는 말했다.

"사리뿟따와 목갈라나가 열반에 든 지금 법당이 텅 빈 것 같구나. 이전에는 그들이 어디에 있었던 법당이 텅 빈 것 같지 않았다."

붓다 역시 사람이었던 것이다.

공자 역시 제자 안회의 죽음에 슬퍼했다. 공자는 말했다. 공부를 좋아하는 제자가 있었는데 이제 이 세상에 존재하지 않습니다. 데자뷰가 일어난 것일까. 부처 역시 아끼는 제자 사리뿟다와 목갈라나의 열반에 슬퍼했다. 사람은 태어난 이상 헤어질 수밖에 없는 것이 운명이다. 어떤 사람은 사후세계에서 함께 살아갈 것을 꿈꾸기도 하지만 그것은 그 사람의 꿈일 뿐 그것을 증명하는 것은 아무것도 없다. 부처 역시 죽음 이후 만날 수 없다는 것을 알았지만 슬픔만은 감추지 못했던 것이다.

데와닷따의 반역

붓다 이야기를 하면서 데와닷따의 이야기를 안 할 수가 없다. 그는 붓다의 사촌이었으나 교단의 권력을 장악하기 위해 반역을 하였다. 그는 권력, 욕망에 눈이 멀고 시기심이 강했다. 붓다를 넘어서 교단을 장악하기 위해 그는 모략을 꾸몄다.

첫째로 그는 암살자를 파견하였으나 붓다의 가르침에 오히려 암살자가 출가하고 말았다. 두 번째로 코끼리로 붓다를 죽이려고 했으나 붓다의 위력에 코끼리는 얌전해져 자리에 꿇어 앉고 말았다. 그러자 데와닷따는 직접 붓다가 지나갈 때 바위를 굴러 떨어뜨렸으나 붓다의 발에 작은 상처를 낼 뿐이었다.

붓다는 데와닷따의 반역에 직접적으로 맞서지 않았다. 충분히 그를 누를 수 있었으나 정신적으로 그를 감복시키기로 했기 때문이다. 데와닷따는 여러 번 붓다를 암살하려는 시도를 하나 모두 실패하고 만다. 어쩌면 붓다와 같이 큰마음을 가진 사람과의 대결에서 승산 없는 싸움을 한 것이라고 보인다. 데와닷따는 큰 야망에 비해 실력은 형편없었다. 그만큼 붓다의 위대성을 보여준다. 데와닷따는 부처님을 해치려 했던 죄로 지옥에 떨어졌다고 한다.

우리들도 직장이나 학교에서 데와닷따와 같은 사람을 만날 수 있다. 나의 몰락만을 바라는 악당 같은 존재와 만날 수 있다. 그렇다면 그런 악당을 만났을 때는 어떻게 해야 할까. 세상은 힘의 논리로 돌아가기에 힘으로 누르는 것도 하나의 방법일 수도 있다. 하지만 원한은 복수를 부르고 복수는 복수를 부르기에 힘으로 누르는 것은 어리석은 방법이다. 나는 붓다의 지혜를 권하고 싶다. 붓다처럼 자비와 사랑으로 이겨내었을 때 진정으로 사람 간의 문제는 풀릴 수 있다고 믿는다.

석가족의 멸망

꼬살라국의 빠세나디 왕이 붓다의 가르침을 듣고 승가와 친해지려고 사꺄족에 결혼을 제안했다. 하지만 사꺄족은 혈통을 중시했고 꼬살라국의 혈통이 마음에 들지 않아 청혼을 거절하고 싶었다. 마침 한 사람이 좋은 의견을 냈다. 그것은 샤꺄족의 노비인 와사바캇띠아를 공주로 속여

빠세나디 왕에게 보내는 것이었다.

와사바캇띠야는 위두다비라는 왕자를 낳았다. 빠세나디 왕은 기쁜 마음이었지만 왕자가 16세 되던 해 출생의 비밀을 알게 되었다. 분노한 위두다비는 사꺄족을 응징하겠다고 다짐했다. 위두다비는 군대를 세 번 일으켰으나 그때마다 붓다가 저지하여 침략하지 못하였다. 하지만 네 번째 군사를 일으키자 붓다도 어찌하지 못했고 결국 사꺄족은 멸망하고 말았다.

여기서는 인연의 과보를 볼 수 있다. 모든 것은 인연에 의한 것이다. 그리고 인과의 응보를 받게 된다. 사람을 속여서 결혼하게 했기 때문에 분노를 받아 한 집단이 몰살당한 것이다. 붓다도 이 사실을 알았기에 거듭되는 침략을 막지 못했다.

연화 색녀를 교화한 붓다

연화 색녀는 남편에게 상처받고 기생이 되었다. 남편이 자신의 어머니와 자신의 딸과 정을 통한 것이다. 그에게 상처받은 연화 색녀는 남자들에게 복수하기로 마음먹고 기생이 되었다. 수많은 남자를 홀리면서 그들을 파탄에 빠뜨린 연화 색녀는 500명의 기생을 이끄는 기생집의 주인이 되었다. 그녀는 붓다를 만나 붓다를 유혹하려 했다.

"당신은 사람들을 교화한다고 하는데 나도 남자를 유혹하는 것은 자신 있어요."

하지만 붓다는 연화 색녀의 교태에 넘어가지 않았다. 붓다는 연화 색녀의 어리석은 마음을 알아채고 마음을 교화시켰다.

"여인이여, 자신을 바라보라. 그대는 복수심에 불타고 있다. 수많은 남자들을 정복했다고 하는데 수많은 여인들에게 그대가 당한 고통을 안겨주고 있다. 여인이여, 원한으로 원한을 없앨 수는 없다."

연화 색녀는 자신의 어리석음을 깨닫고 붓다의 제자가 되기를 청했다. 붓다는 그녀의 출가를 허락했다. 연화 색녀는 가장 뛰어난 비구니가 되었고 그녀의 아래에 있던 기녀들도 모두 붓다에게 귀의했다.

세상에는 복수를 통해 마음의 응어리를 해소하려는 사람이 많다. 하지만 복수는 복수를 부르고 끝없는 악업의 순환은 끝나지 않는다. 그래서 진정 복수를 하려는 자라면 그 악순환의 고리를 끊어야 한다. 상대의 악업에 미소로 대할 때 악업의 고리는 끊어지고 선의 선순환을 이루게 될 것이다.

살인자 앙굴리마라를 제압하다

부처가 살던 시대에 앙굴리마라라는 젊은 수행자가 있었다. 그는 매우 뛰어난 수행자여서 사람들로부터 주목을 받았다. 하지만 그를 시기한 주위 사람들에 의해 그는 모함을 받게 된다. 스승의 부인을 범하려고 한다는 것이었다. 스승은 화가 나 앙굴리마라에게 나쁜 명령을 내린다. 그것은 깨달음을 얻기 위해 사람을 1,000명을 죽여서 그 손가락으로 목걸이를 만들라는 것이었다. 스승으로부터 많이 배우고 스승의 뜻을 가장 잘 따랐던 앙굴리마라는 사람들을 죽여서 손가락 목걸이를 만들기 시작했다. 그리고 마지막 목걸이를 만들기 위해 그의 어머니를 죽이려 하였다. 그를 가엾게 여긴 부처님은 그에게 나타나 그를 저지했다. 앙굴리마라는 말했다.

"거기 서라. 붓다."

붓다는 말했다.

"나는 이미 서있다. 서야 하는 것은 네가 아니냐."

붓다의 정신의 힘에 이끌린 앙굴리마라는 정신을 차리고 자신의 잘못을 알게 되었다. 붓다는 그를 가르쳐 수행자로 만들었고 그는 과거의 잘못을 뉘우치고 깨달음을 얻었다.

붓다의 힘은 정신의 힘이다. 붓다는 정신의 힘만으로 살인자 앙굴리마라를 제압했다. 그를 제압한 것은 육체의 힘이나 칼과 화살이 아니었다. 칼을 든 앙굴리마라를 오직 정신의 힘만으로 제압한 것이다.

 현대에도 정신의 힘을 가진 사람이 있을까. 육체의 힘으로 무예의 달인에 올랐다는 최배달이라는 자가 있다. 사실 그는 육체의 한계를 뛰어넘은 사람이지만 그가 육체의 한계의 힘을 뛰어넘을 수 있는 비결은 정신의 힘에서 온다고 볼 수 있다. 그는 정신적으로 완전히 통일되어 있었고 그랬기에 무예의 달인이 될 수 있었다. 예수님도 사실 정신의 달인이다. 예수님이 귀신들린 자를 고치고 병자를 고칠 수 있는 기적을 보일 수 있었던 까닭은 정신의 힘을 이용했기 때문이다. 상대방의 믿음을 이용한 치료 방식으로 잠재의식의 힘을 보여주었다고 보인다.

 우리도 부처를 통해 배울 수 있는 것은 정신의 힘이다. '정신일도 하사불성'이라는 말이 있다. 정신을 한곳에 집중하면 어떤 일이든 이룰 수 있다는 것이다. 이는 수험생이나 직장인, 그리고 사회에 어떤 일을 감당하는 사람에게나 필요한 가르침이 아닐까 싶다.

3 장

불교와 기독교,
뭐가 다를까?

붓다와 예수의 탄생

붓다는 태어나자마자 걸으면서

"천상천하 유아독존."

이라고 말하며 자신의 미래를 선언했다. 한편 예수는 말구유에서 태어났지만 동방박사들의 축복을 받았다. 동방박사들은 예수가 인류를 구원할 것이라는 것을 알았다.

붓다는 인류의 고통을 최초로 없애준 사람이다. 붓다는 인간의 고통이 외부적인 조건이 아니라 내부적인 마음의 욕망에서 온다는 사실을 알았다. 그래서 붓다는 예수처럼 병을 고치는 기적을 보여주지도 않았다. 다만 마음의 조복을 받아 고통 없는 삶에 대한 비전을 보여주었다. 인생의 고통은 예수조차 어떻게 할 수 없는 거였다. 그런 면에서 붓다는 진정한 인류의 의사였던 셈이다.

불교와 기독교는 대립적이다. 나 역시 기독교를 믿어본 적이 있지만 내 욕심만 커져가고 괴로움은 쉽사리 사라지지 않았다. 기도로서 나의 욕망을 구하며 더 집착했다. 어쩌면 나는 하느님을 잘못 믿었는지도 모른다. 나의 고통을 없애준 것은 붓다의 삶이었다. 붓다가 있음에 얼마나 감사했던가. 붓다의 책을 읽다 보면 삶의 고통을 잠재울 수 있었다. 애초에 붓다의 가르침은 자신의 욕망을 줄여가는 식의 방법을 취했던 것이다. 소망의 달성을 약속했던 예수와는 다른 접근의 가르침이었다.

신인 예수의 피 흘림 앞에 기뻐했던 기독교가 이해할 수 없는 것임에 반해 붓다의 가르침은 아름답다. 붓다는 십자가에 매달리지도 않았고, 억지로 고통을 추구하지도 않았다. 중도라는 그의 가르침은 가르침의 극치를 보여준다. 억지로 고통받지도 않으며, 억지로 쾌락을 추구하지도 않는 삶을 통해 인간이 걸어가야 할 길을 보여주었던 것이다. 이는 부활을 통해 죽음을 넘어선 예수와는 달리 현세에 살면서 깨달음을 통해 생사의 경지를 넘어선 방법을 보여주신 것이다.

예수의 자기희생 vs 붓다의 중도

예수가 자기희생의 극단까지 이르렀다면 붓다는 다른 방법을 선택했다. 붓다 역시 고통의 극한까지 추구하며 길을 찾았다. 하지만 거기에는 길이 없다는 것을 발견했다. 붓다 역시 십자가에 달린 예수님처럼 고통의 끝까지 가보았던 것이다. 당시 인도에는 신체와 정신을 이 원식으로 바라보는 관념이 있었다. 육체의 고통을 추구할수록 정신은 맑아진다는 논리가 있었던 셈이다. 붓다 역시 처음에는 이런 생각에서 벗어날 수 없었다. 그렇기에 극단까지 육체를 괴롭히는 방식을 취했던 것이다. 하지만 결국 육체의 고통으로는 정신적 깨달음을 얻을 수 없음을 확인했다. 붓다가 수행 중에 굶주려 죽었더라면 그가 이 세상에서 이룬 것은 아무것도 없을 것이다. 하지만 붓다는 비난을 감수하면서도 고행을 포기했고 중도라는 방법을 통해 위없는 깨달음을 이루었다. 그는 육체와 정신 모두 중요하다는 것을 알았고 이를 중도의 가르침으로 풀어냈다. 부처님은 한 비유를 통해 수행의 원리를 설명했다. 중도에 대한 비유의 이야기는 증일 아함경 제 13권에 나온다. 이를 짧게 요약하면 다음과 같다.

이십억이 존자는 밤낮으로 열심히 정진하였다. 하지만 그는 깨달음을 얻지 못하였다. 깨달음이 어렵게만 느껴졌다. 그는 결국 포기하고 집으로 돌아갈까 생각하였다. 부처님은 이 사실을 알고 이십억이 존자에게 다음과 같이 물었다.

"네가 출가하기 전에 거문고를 잘 탔다고 했는데, 거문고를 탈 때 거문고 줄을 너무 조이면 좋은 소리가 났느냐?"

"아닙니다."

"거문고 줄을 느슨하게 하면 좋은 소리가 났느냐?"

"아닙니다."

"거문고 줄을 너무 조이지도 너무 느슨하지도 않게 하면 좋은 소리가 났느냐?"

"그렇습니다. 그때는 맑고 좋은 소리가 났습니다."

"공부하는 일도 그와 같다. 너무 지나치게 정진해서도 게을러서도 안된다. 그 중간을 택하면 머지않아 곧 깨달음을 얻을 것이다."

이십억이 존자는 부처님의 가르침에 따라 수행하여 곧 깨달음을 얻었다.

악기를 연주할 때 줄이 너무 팽팽해도 느슨해도 안 된다. 붓다는 수행함에도 너무 힘이 들어가거나 힘을 빼면 안 된다는 가르침을 알려준다. 그런 면에서 부처의 가르침은 괴테의 '천천히 그리고 꾸준히 하라.'라는 가르침과도 일맥상통하고 있다.

괴테는 문학계의 천재 거장으로서 자신의 길을 천천히 꾸준히 걸었다. 붓다도 자신의 길을 묵묵히 걸었고 인간의 한계를 넘어선 자, 즉 붓다가 되었다.

붓다는 수행의 천재였을지도 모른다. 하지만 그는 천재성이 아닌 실천을 통해서 붓다가 되었다. 붓다는 스스로의 깨달음은 누구나 정진하면 가능하다는 것을 알렸다. 즉 모든 이의 본성이 부처라는 것을 보여주었다. 이는 누구나 붓다가 될 수 있으니 희망을 가지고 전진하라는 의미로 모든 사람들에게 희망을 주는 메시지이다. 예수의 가르침은 오로지 자신을 따를 것을 말한다. 그에 비해 부처의 가르침은 스스로 자신의 지도자가 되어 자신을 이끌어 가라는 현명한 가르침을 내포하고 있는 것이다.

붓다는 이를 이렇게 말했다. 자신을 의지처로 삼아 부지런히 나아가라. 붓다는 자신은 사라질 것을 알았다. 그래서 미래의 인간들에게 가르침을 전하고 싶었던 것이다. 붓다, 즉 본래의 부처는 사라지나 미래의 사람들에게 붓다가 될 수 있는 방법을 알려주었다. 이는 메시아 예수가 돌아온다고 말해 희망을 주었던 기독교와는 다른 방식으로 사람들에게 희망을 준 것이다.

악마와의 전투에서 승리한 붓다와 예수

예수나 붓다나 모두 악마와의 전투에서 승리한 영웅들이다. 그들의 전투는 칼과 화살로 하는 것이 아니라 마음속에서 일어나는 그보다 더 치열한 심리적 전투였다. 악마는 붓다와 예수에게 모두 세상의 모든 것을 주겠다고 약속하였다. 하지만 예수는 하나님에 대한 믿음으로 붓다는 세상을 구하겠다는 일념 하나로 자신의 길을 끝까지 묵묵히 걸었다. 결국 악마는 예수나 붓다를 유혹하는 데 실패하고 그들에게 고개를 숙이고 만다. 예수는 광야에서 시험받으셨다. 이에 대한 내용은 마태복음 4장에 자세히 나와 있다.

예수께서 성령에게 이끌리어 마귀에게 시험을 받으러 광야로 가사 사

십일을 밤낮으로 금식하신 후에 주리신지라 시험하는 자가 가로되

"네가 만일 하느님의 아들이어든 명하여 이 돌들이 떡덩이가 되게 하라."

예수께서 대답하여 가라사대

"사람은 떡으로만 살 것이 아니요 하나님의 입으로 나오는 모든 말씀으로 살 것이라."

이에 마귀가 예수를 거룩한 성으로 데려다가 성전 꼭대기에 세우고 가로되

"네가 만일 하나님의 아들이어든 뛰어내리라. 하나님이 너를 위하여 천사를 보내 너를 받들게 하리라."

예수께서 이르시되

"너는 주 하나님을 시험치마라."

마귀가 또 그를 데리고 지극히 높은 산에 가서 천하만국과 그 영광을 보여주며

"내게 엎드려 경배하면 이 모든 것을 내게 주리라."

예수께서 말씀하시되

"주 너의 하나님께 경배하고 다만 그를 섬기라."

이에 마귀가 떠나고 천사들이 나와 수종 드리라.

여기서는 예수님의 이야기를 자세히 적었다. 이는 예수님의 시험받음이 부처님의 시험받음과 너무도 비슷했기 때문이다. 예수님은 아무도 없

는 광야에서 부처님은 아무도 없는 숲속에서 시험받으셨다. 악마의 유혹
도 비슷했다. 세상의 모든 것을 주겠다고 유혹했다. 부처님을 유혹하는
마귀의 이야기는 나중에 더 자세히 다루도록 하겠다.

예수의 기도 vs 붓다의 명상

　현대의 아웃라이어들은 엄청난 능력을 보이는 한 개인을 뜻한다. 부처
님은 현대식으로 보자면 수행계의 아웃라이어였음에 분명하다. 부처님
은 수행 시간이 1만 시간이 넘게 달했다. 그런 수행의 과정을 통해 아웃
라이어로 거듭났다. 그 당시에도 수많은 수행자들이 있었다. 그들은 사
문이라고 불리며 정신적 깨달음을 추구했다. 그들 역시 평생에 걸쳐 수
행했음에도 불구하고 깨닫지 못했던 이유는 무엇일까? 붓다의 첫 번째
스승 역시 120년이 넘게 명상을 했지만 최고의 해탈의 경지에는 오르지
못했다. 그런 점에서 붓다의 깨달음은 정말 특이한 것이다. 붓다는 사문
으로서 타고난 자질과 재능을 지녔음이 분명하다 .하지만 그 역시 스승
들로부터 체계적으로 수행을 배웠다. 결국 자신만의 독학의 길을 택해 6
년에 걸친 수행 끝에 진정한 깨달음을 얻었다. 현대의 심리학자인 에릭
슨은 아웃라이어가 되기 위한 방법으로 정교화 된 연습을 꼽았다. 이는
피드백이 주어지는 연습을 뜻한다. 붓다 역시 스승으로부터 배움을 받고

그 다음부터는 스스로가 스승이 되어 가르치면서 해탈의 경지에 오른 것으로 보인다.

반면 예수님은 기도의 천재셨다. 예수님은 하나님에 대한 온전한 믿음을 바탕으로 기도를 드렸고 늘 기도는 응답받았다. 예수님이 기적을 일으킬 수 있었던 이유는 100% 하느님을 믿었기 때문이고, 그 믿음으로 기도를 하였기 때문이다. 붓다가 네란 자라 강 근처 보리수나무 아래에서 한 명상은 목숨을 건 명상이었다. 붓다는 그때 깨닫기 전까지 일어나지 않겠다고 다짐했다. 마찬가지로 예수님도 겟세마니 동산에서 땀을 피처럼 흘리면서 자신의 모든 것을 걸고 기도했다.

구원의 꿈을 꾼 예수와 붓다

붓다의 꿈은 온 인류를 고통으로부터 구원하는 것이었다. 그는 반드시 고통을 정복하고 생로병사로부터 탈출하겠다고 다짐했다. 그러기 위해서 했던 것은 봉사 활동이 아니라 자신을 바라보며 수행과 명상을 하는 것이었다. 오직 단 한 사람, 자신만이라도 세상으로부터 구원받고자 했던 것이다. 결국 그는 득도했고 그의 가르침에 따라 수많은 사람들이 오늘도 고통에서 벗어나고 있다.

반면에 예수님은 자신을 대속하여 인류를 구원하고자 하였다. 태초부터 원죄가 있는 모든 사람들을 위해 대신 십자가를 지기로 결심한 것이다. 그것은 큰 꿈이었다. 너무도 큰 꿈이었기에 예수님의 마음을 이해할 자는 없었다. 베드로 같은 예수님의 수제자조차 예수님을 이해하지 못했다. 하지만 예수님은 꿈을 달성했고, 그는 세상을 떠났지만 오늘날까지도 그를 따르는 자는 수십억 명이다.

발을 씻어 주시는 예수 vs 명상을 가르친 붓다

예수님은 제자들의 발을 씻겨 주셨다. 하지만 붓다는 그랬다는 기록은 없다. 그렇다면 예수님에 비해 붓다의 사랑은 부족한 걸까. 그렇지 않다. 예수님은 제자를 키우려고 했다. 그에 반해 붓다는 제자들을 자기와 같이 만들려고 했다. 그래서 붓다는 발을 씻겨 주는 것 대신에 명상을 가르쳤던 것이다. 붓다는 모든 이들을 자신처럼 붓다(깨달은 자)로 만들기 위해 힘썼다. 거기에는 깊은 사랑이 담겨있다.

붓다는 밥을 떠먹여 주는 교육은 하지 않았다. 스스로 모범이 되어 본보기를 보였다. 붓다는 길을 가리키는 자였지 같이 걸어가는 자는 아니다. 이는 직접 손을 잡으며 같은 길을 걸었던 예수님과는 다른 가르침이었다.

그래서 붓다의 가르침은 담담하다. 교회는 여러 가지 이벤트로 사람들을 즐겁게 한다. 이와 달리 절은 이벤트를 벌이면서 사람들을 유혹하지는 않는다. 석가탄신일에 연등을 다는 행사를 하는 정도이다. 그것은 사람들을 끌어들이기 위해 전도를 나가는 많은 교회 사람들에 비해 절은 스스로의 고통을 어찌할 바 몰라 찾아가는 곳이다. 결국 나는 이 차이가 붓다와 예수의 본질에서 나오는 차이라고 생각한다.

사명 vs 이유 없음

기독교가 미션과 사명을 찾는 길이라면 불교의 길은 단순하다. 불교의 길은 '그냥 살아가라.'이다. 우리가 이 세상에 태어난 것은 아무 이유가 없다. 단지 그뿐이다. '그냥 살아가라.' 처음에 이 말을 들었을 때 나는 이해할 수가 없었다. 그래도 사는데 이유가 있을 텐데 하며 이유를 계속 찾으려고 했다. 그 와중에 여러 가지를 시도도 해보고 실패도 많이 겪었다. 그리고 몇몇 성과들도 얻었다. 그 경험들 속에서 나는 인생은 그냥 살아가는 것이라는 깨달음을 얻었다. 부처님의 미소를 알아차렸던 염화처럼 나 역시 부처님의 말을 이해하게 된 것이다.

붓다에게 인생은 고해이다. 즉 고통의 바다이다. 이 세상에서 필요한 것은 오직 고통에서 벗어나는 것뿐이다. 붓다는 화살 맞은 사람을 비유하며 이 화살이 어디에서 왔고 어떤 재료로 만들어졌으며 왜 만들어졌는지를 묻지 말라고 하셨다. 중요한 것은 화살을 뽑아 치료하는 것이다. 고통스러운 인간도 마찬가지이다. 근원을 묻지 말고 고통에서 벗어나는 행동을 해서 즉시 고통에서 벗어나야 한다.

"삶도 모르거늘 죽음을 알겠느냐."

라고 했던 공자처럼 붓다 역시 죽음 이후의 일에 대해 많이 말하지 않았다. 보시를 통해 미래에 신의 나라에서 태어날 수 있다고 말했지만 그 시간 역시 끝날 것이라고 했다. 결국 다시는 태어나지 않는 것을 가장 귀한 가치로 보았다. 붓다에게 이 세상은 너무도 고통스러운 곳이었다. 그렇기에 다시는 사람들이 세상 속에서 태어나지 않고 모두 붓다의 깨달음을 찾아 자신과 같은 진정한 초월자가 되기를 바랐다.

가난한 삶 vs 부자

예수님은 가난한 삶을 살라고 했다. 그에 반해 붓다는 돈을 모아 부자가 되라고 했다. 붓다가 직접적으로 부자가 되라고 말하지는 않았다. 하지만 여러 경전을 보면 돈에 대해 부정적이지 않고 젊을 때 열심히 노력해서 부를 이루라고 권하는 내용이 많다. 이는 예수님이 부자에게 모든 재산을 가난한 자에게 나누어 주라고 말한 내용과는 조금 차이가 있다.

예수님은 가난한 자와 어울렸고 부자들에게 재산을 모두 기부하고 가난하게 살아갈 것을 요구했다. 이에 비해 붓다는 부유해지는 것에 대해 부정적이지 않았다. 젊어서 부지런히 일해 재산을 모으라고 권했던 것이 붓다이다. 물론 붓다의 최종적인 목표는 수행을 통해 깨달음을 얻어 행복해지는 것이다. 하지만 붓다는 모든 이가 스님이 될 수 없다는 것을 알았기에 현세에 사는 사람들에게도 가르침을 주고자 했다. 그 방편이 부자가 되는 것이라고 할 수 있다. 붓다는 열심히 노력하고 정진하면 현세에서는 부자가 될 것이고, 속세를 벗어나면 깨달음을 얻어 아라한이 될 수 있다고 말했다. 잡아 함경에는 다음과 같은 붓다의 이야기가 나온다.

늙은 부부가 있었는데 가난하여 쓰레기를 태우는 곳에서 불을 쬐고 있었다. 붓다는 이를 바라보며 말했다.

"저 늙은 부부는 젊어서 부지런히 재물을 모았으면 성에서 제일가는 부자가 되었을 것이고, 바른 믿음으로 출가했으면 아라한이 되었을 것이다. 그러나 이들은 모아둔 재물도 없고 깨달음을 얻지도 못하였구나."

붓다는 여러 경전을 통해 젊어서 열심히 일해서 돈을 모을 것을 권한다. 그렇지 않으면 나이 들어서 가난에 시달릴 것을 예언하였다. 사실 예언이라기보다는 자연스러운 결과라고 할 수 있다. 무려 2,500년 전의 이야기이지만 현재의 한국 사회를 가장 잘 설명해주는 이야기가 아닐까. 한국인의 노인 빈곤율은 세계 1위라고 한다. 많은 사람들이 노년에 마땅한 경제적 대비를 하지 못하고 늙음을 맞이한다. 그들의 생애는 비참해지고 노인 자살률도 높은 편이다. 그들이 젊어서 붓다의 가르침을 듣고 돈을 모으는 데 노력했다면 그런 비참함은 겪지 않아도 되었을 일이다. 한편으로는 정신적으로 깨달음을 얻기를 노력했더라면 도력 높은 고승으로 존경받으면서 마음 편히 수행할 수 있었을 것이다.

하지만 그 둘 중 어느 것도 해당되지 못한 사람은 그저 늙어서 후회할 일밖에 없을 것이다. 붓다는 이를 경계했던 것이다.

마라를 이긴 붓다와 예수

깨달음을 얻으려는 붓다에게 마왕과 그의 세 딸이 나타난 것은 실제 현상이라기보다는 붓다의 상상력에서 나온 영상이라고 바라보는 편이 옳을 것이다. 생각에 잠긴 붓다에게 마왕은 나타나서 말한다.

"당신에게 세상의 모든 것을 다스릴 권세를 주겠다. 해탈은 포기하는 게 어떤가."

하지만 해탈을 앞둔 붓다는 단호히 말했다.

"나는 이미 그것을 넘어섰다. 넌 나를 유혹할 수 없다."

그러자 마왕은 세 딸을 불러 싯다르타를 유혹하게 했다.

"당신은 젊고 아름다우며 봄날의 꽃처럼 활짝 피었습니다. 저희와 함께 인생의 즐거움을 나눠요."

붓다는 말했다.

"너희들은 내 상대가 되지 않는다. 너희들의 젊음도 나이가 들면서 늙고 추해질 것이다."

붓다는 상상 속의 힘을 통해 세 딸의 본 모습을 비추자 세 딸은 노파가 되어 붓다를 떠났다.

붓다는 상상력 속에서 악마의 왕의 꼬임과 회유를 이겨내고 세 딸의 유혹에도 흔들리지 않았다. 그렇게 붓다는 자신의 상상 속에 싸움에서 승리하고 깨달은 자, 붓다가 되었다.

이는 예수님에게도 똑같이 나타난 상황이다. 예수님은 광야에서 40일 간을 금식하며 기도했다. 악마는 예수님을 시험했다. 하지만 예수님은 악마와의 싸움에서 이겼고, 위대한 사명을 달성하기 위한 발걸음을 내디딜 수 있었다.

이처럼 붓다와 예수는 마왕에게 비슷하게 시험당했다. 중요한 점은 두 분 다 모두 자신을 이겨냈다는 것이고 결국 위대한 성취를 이뤘다는 것이다. 우리에게 주어지는 시험은 사실 이런 성인들의 시험에 비하면 시시한 수준이다. 예를 들어 공부나 일을 더 한다거나, 다이어트를 위해 먹는 것을 참는 수준이다. 하지만 우리가 자신과의 싸움에서 이겨나갈 때 우리는 자신감을 가질 것이다. 또한 우리가 행복하게 살아간다면 그것으로 세상은 조금씩 바뀌어 나갈 것이다.

아버지께 순종한 예수 vs 아버지 뜻을 거스른 붓다

예수님은 아버지 뜻에 순종하였다. 그는 하늘 위의 아버지를 믿었고 그 아버지의 뜻에 순종하였다. 그는 겟세마니 동산에서 이렇게 말했다.

"내게 잔을 치우소서. 하지만 아버지 뜻대로 하소서."

그는 결국 아버지의 뜻에 따라 십자가에 매달려 돌아가셨다.

그에 반해 붓다는 아버지의 뜻을 거슬렀다. 싯다르타는 아버지께 사람들이 늙고 병들어 죽는 것을 막는 방법을 알게 되면 수행 길을 가지 않겠다고 했다. 하지만 아버지 정반왕은 그런 싯다르타에게 할 말이 없었고 싯다르타는 밤중에 야반도주를 했다. 아버지의 뜻을 거스른 것이다. 싯다르타는 나중에 붓다가 된 이후에 아버지를 만났다. 하지만 이미 붓다가 된 싯다르타를 아버지는 어찌할 수 없었다.

예수님에게도 실질적인 아버지가 있었다. 하지만 그는 마리아의 남편이었을 뿐, 실제적인 아버지는 하늘에 계신 하느님이었다. 예수님은 얼마나 혼란스러웠을 것인가. 하지만 성경에는 예수님이 방황한 흔적은 찾아볼 수 없다. 마리아의 사랑 덕분인지 예수님은 한결같이 하늘에 계신 아버지를 섬겼다. 이에 비해 붓다는 아버지와 선을 그었다. 아버지는 붓다에게 최고의 교육을 시키고 궁궐에서의 생활이 즐겁도록 신경 썼으나 붓다의 관심은 이미 그런 것에서 벗어나 있었다. 사문들에게 흥미를 느꼈고 그곳에서 희망을 발견했으며 자신의 길은 사문의 길을 가는 것이라고 여겼다.

끝까지 함께 간 예수님의 어머니 vs 7일 만에 어머니를 잃은 붓다

붓다와 예수의 길을 완전히 갈리게 한 것은 아마 어머니의 영향 때문일 것이다. 일찍이 어머니를 잃은 붓다는 영원한 안식처를 찾을 수 없었다. 결국 아버지를 떠나 사문의 길을 나선다. 붓다가 어머니의 사랑을 받지 못해 방황했다는 기록은 없다. 하지만 궁궐 생활에 만족하지 못하고 끊임없이 궁궐 밖으로 탈출을 꿈꾸었다. 이는 분명히 어머니의 깊은 사랑을 받지 못해서였을 수도 있다. 아마 그에게 그를 완전히 받아주는 어머니가 있었더라면 그의 수행은 더 늦어졌을지도 모른다. 그에 반해 예수님의 어머니는 예수가 십자가에 달리기까지 그의 길을 같이하며 그의 공생애를 지켜보았다.

예수님의 어머니가 냉정해 보이지만 사실은 아들이 더 큰 위업을 달성하도록 큰마음으로 도운 것이라고 할 수 있다. 우리나라의 안중근 역시 이토 히로부미를 쏘고 감옥에 갇혔었다. 그때 안중근의 어머니는 허튼 생각하지 말고 그냥 감옥에서 죽으라고 안중근에게 말했다. 혹여나 안중근이 일본의 회유에 넘어갈까 걱정했던 것이다. 안중근은 어머니의 말에 따라 한 치의 물러섬 없이 자신의 행위를 떳떳이 말했고, 나라의 명예와 함께 돌아가셨다.

세상을 이긴 예수 vs 자신을 이긴 붓다

예수님은 선언했다.

"내가 세상을 이겼노라. 담대하라."

그다운 선언이다. 이처럼 호쾌하고 자신감을 주는 말이 있을까. 하지만 붓다는 세상을 승패의 관점으로 바라보지 않았다. 오직 생로병사를 겪는 인간들을 구제하기 위해 한마음을 내셨던 분이다. 이런 말도 있다.

"자신을 이기는 자는 성을 함락하는 자보다 낫다."

붓다의 가르침은 철저히 내면을 응시한다. 내면을 응시하는 깊은 철학에서 새로운 깨달음이 싹튼 것이다. 그래서 불교는 쉬우면서도 어렵고 어려우면서도 쉽다. 다 자기 하기 나름인 것이다.

자신을 이긴다는 것, 그것은 생각보다 쉽지 않은 일이다. 우리가 부자가 되지 못하는 까닭도 사실 알고 보면 다 자기 자신과의 싸움에서 졌기 때문이다. 자기 자신과의 싸움에서 이기는 자는 부를 이룰 뿐 아니라 인생에서 승리할 수 있는 지름길이다. 자신의 나태와 게으름, 자기 의혹과 불신을 이겨내는 자는 단연코 자신의 삶에서 승리하는 영광을 얻을 것이다.

붓다와 예수는 단지 길이 다를 뿐이다.

부처님을 찬미하기 위해 예수님과 비교해 글을 썼다. 하지만 새삼 예수님의 위대함에도 눈뜨게 되었다. 산의 정상이 진리라면 붓다와 예수는 단지 길이 다를 뿐 도착지점은 동일한 셈이었다. 그들은 단지 길이 조금 다를 뿐이며, 옷과 종교적 진리를 말하는 용어와 개념 같은 것이 다를 뿐이었다.

법정스님(2010년 입적)이 김수환 추기경(2009년 선종)이나 이해인 수녀님과 서로 교류하였듯이 사실 더 깨달은 사람의 입장에서 본다면 그들의 차이는 없다고 보아야 한다.

중요한 것은 누가 헌신적으로 있게 진리를 향해 나아가느냐이다. 진리를 향한 예수와 붓다의 자기희생은 상상 이상이었다. 그들은 자신의 목숨을 담보로 해가면서 자신의 꿈(진리)을 이루었다.

이들의 앞서간 모습을 상상해 가면서 앞길을 걸어가라. 그러면 인생의 길이 그리 어렵지 않다고 느낄 것이다. 예수와 붓다는 구세주 이전에 인생의 선배이다. 그들에게 배운다면 그리 어렵지 않게 깨달음을 얻고 행복한 삶을 살게 될 것을 믿는다.

4장

붓다, 성공을 말하다

붓다는 염세주의다?

붓다의 가르침은 세속을 벗어나라고 하는 면이 강하다. 그래서 염세주의로 여겨질 수 있다. 세상에서 성공하고 자신의 잠재력을 펼치고자 하는 이에게 붓다의 가르침은 독이 될까? 나는 그렇지 않다고 본다. 오히려 붓다의 가르침을 자기 수련의 한 방편으로 이용한다면 누구나 자신의 분야에서 최고의 활약을 하는 사람으로 거듭날 수 있다고 본다. 붓다의 가르침을 적용하는 방법은 수행자의 자세로 자신의 일과 업무를 해나가는 것이다. 자신의 삶에 붓다의 가르침이 흐르는 자는 패배할 수가 없다. 늘 승자의 삶에 머무를 것이다. 그것이 바로 진정한 붓다의 가르침을 올바로 이해하는 것이다.

나 혼자만이라도 행복하자

나 역시 두 사람의 행복을 꿈꾸었던 평범한 사람이었다. 하지만 둘만의 상상은 나만의 상상으로 산산조각이 났다. 나는 둘만의 꿈에서는 구원을 얻을 수 없다는 사실을 알았다. 그리고 부처님의 가르침을 따르기로 했다. 부처님은 혼자만의 행복이라도 혼자만의 구원이라도 찾고 싶었던 사람이었다. 어쩌면 이기주의로 비춰질 수도 있다. 하지만 그것이 부처님의 선택이었다. 부처님은 자신을 구원했고 그 결과 다른 사람까지 구원할 수 있었다. 두 사람 혹은 여러 사람의 행복을 꿈꾸기 전에 자신만이라도 행복해지기 위해 노력하자. 자신만이라도 행복해진다면 그 행복은 전파되어 많은 사람을 행복하게 만드니 말이다. 부처님의 가르침은 사랑이 흐르고 있다. 그게 바로 자비이다. 부처님은 스스로를 사랑했기에 자신과 상관없는 모든 사람들에게 자비의 가르침을 행할 수 있었다.

살아 있는 붓다라고 칭해지는 틱낫한 스님이 한국을 방문한 적이 있다. 나 역시 부처님을 만나고 싶어 했기에 그 강연에 갔다. 거기서 느낀 점은 그저 동네 할아버지와 같다는 것이다. 결국 붓다는 나에게 관심을 갖고 걱정해주는 현실의 할아버지와 같은 인물이지 어디 다른 곳에 숨어 있는 그런 초인적인 존재는 아니라는 것을 알았다.

그런 면에서 붓다는 다른 어떤 사람이 아니라 부모님 또는 조부모님이 각자에게 가장 붓다에 가까운 사람이다. 그렇기에 붓다는 자신의 부모와 조상에게 늘 감사하라고 했던 것이다.

매사에 감사하고 자신을, 이웃을 사랑하고 사는 사람이라면 현대의 붓다라고 칭해도 손색이 없다. 나는 당신이 그런 사람이 되기를 바란다.

붓다에게 진정한 성공을 배워보자

붓다의 가르침을 염세적이고 속세에서 벗어난 것으로 여기지 않은가. 불교 믿는 사람은 얼굴이 어둠침침하고 세상에 삐딱한 사람이 아니다. 오히려 불법을 들음에 얼굴이 빛나고 세상을 긍정하는 모습을 보여야 한다. 나는 요즘 유명한 몇몇 스님들처럼 많은 것을 알고 실천하지는 못한다. 하지만 나는 스님이 아닌 직장인으로서 불교를 어떻게 내 삶에 적용하고 실천할지에 대해 고민해 왔다고 자부할 수 있다. 나는 일반의 세속인의 입장에서 불교를 통해 자신의 삶에 고통을 줄이도록 권하고 있다. 또한 붓다의 가르침에 따르면 누구보다도 세속에서도 성공한 사람이 될 수 있다. 오히려 더 행복하고 더 감사한 삶을 살 수 있다. 성공의 목표를 행복과 감사로 삼아 붓다의 가르침에 따라 살면 가장 행복하고 감사한 삶을 살 수 있는 것이다. 이웃 간의 평화도 지키면서 말이다.

사실 세상의 가장 큰 문제는 전쟁이다. 인류 역사상 전쟁이 없던 시기는 없었다. 최근에도 여러 지역에서 전쟁이 일어났다. 붓다의 가르침은 전쟁을 막기 위한 인류의 백신과도 같다. 그 가르침을 따르면 평화가 올 것인데 인류는 어리석게도 승패의 관점에 빠져서 이기려고만 한다.

그렇다면 진정한 성공이란 무엇일까? 기업가인 베르거가 말한 정의를 살펴보자.

"성공은 몸이 건강하고 삶과 주변 사람들을 사랑하고, 세상에 즐겁게 기여하는 것입니다. 그러려면 사랑하는 일을 할 자유와 이 자유를 뒷받침할 충분한 돈이 필요하죠."

베르거의 정의에 따르면 정신적인 풍요인 사랑과 물질적인 풍요인 돈이 조화를 이룰 때 우리는 행복하고 감사한 삶을 살아갈 수 있다는 것이다.

가족이 있고 직장이 있는 사람이라면 사실 사랑하고 돈을 버는 것을 충분히 이루고도 남는다. 하지만 그들이 여전히 불행한 것은 다른 사람들과의 비교의식 때문일 것이다. 타인과의 비교의식은 우리를 열등감과 괴로움으로 몰고 간다. 그래서 자신에게 주어진 행복을 놓치게 만든다. 우리는 풀을 뒤집어 가면서 네잎클로버를 찾는다. 수많은 행복이라고 일컬어지는 세잎클로버들이 뭉개지고 있는 것도 모르고 말이다.

이제라도 늦지 않았다. 주어진 삶이 행복이라는 것을 알고 그 삶을 충분히 받아들여 진정으로 행복한 마음을 찾아야 한다.

붓다, 성공을 말하다

인생에 있어 성공한다는 것은 대단한 일이다. 많은 사람들이 인생에서 성공하기 위해 살아간다. 하지만 붓다의 가르침은 성공 그 이후, 그 이상을 꿈꾸는 것이다. 실제로 성공한 사람들 중에서는 세상에 회의를 느끼고 불법에 귀의한 사람이 많다. 중국의 액션 배우 이연걸 역시 그중 하나이다. 이연걸은 배우로서 크게 성공한 이후 절에 들어가 수행을 닦았다.

붓다가 추구한 것은 고통 없는 삶이다. 성공으로 가는 길은 고통의 가시밭길이다. 붓다는 그런 사람들의 고생을 알기에 그들을 어리석다 여기고 집착을 버리고 불법에 귀의할 것을 권했다.

앞서 말한 바와 같이 불법의 수행 과정은 중도에 따른다. 억지로 고통스럽지도 혹은 너무 쾌락만을 추구하는 길도 아닌 일상의 평범함을 추구하는 것이다. 선불교는 그 중도의 가르침이 제대로 나타나 있는데 일상이 도라는 것이다. 이는 선불교만의 특징으로 꼭 스님이 되어야만 하는 것이 아니라 일상에서 도를 느끼면서 살아가면 그것으로 마음의 깨침이라는 주장이다.

필자는 이런 선불교의 가르침에서 희망을 느꼈다. 나는 직접 머리를 깎고 스님처럼 수행에 들어갈 용기와 자신은 없다. 하지만 현 세계를 살아가면서 마음의 청정을 갖게 된다면 혹은 곧바로 마음의 깨달음을 얻게 된다면 그것은 부처가 되는 것과 동일하다는 가르침이기 때문이다. 세속의 때를 벗지 못하고 현실 속에 살지만 깨달음의 경지에도 오르고 싶은 수많은 대중들의 마음을 헤아리고 있는 것도 선불교의 가르침이다.

부처님은 UFO를 타고 왔다

부처님은 아마도 다른 별에서 온 사람일 것이다. 지구 사람들이 고통에 빠져 산다는 것을 알고 다른 별에서 지구까지 찾아온 외계인(?)인 것이다. 그렇다고 생각한다면 그의 탄생이나 죽음(해탈)이 이해가 된다.

감사하게도 부처님은 지구의 고통을 없애기 위해 찾아왔고 그 목적을 달성하고 영원히 떠나셨다. 하지만 그의 가르침이 남아서 아직까지도 고통스럽게 살고 있는 지구인들을 도와주고 계신다. 앞으로도 본래의 부처 외에도 그 이후의 붓다들이 탄생할 것이고 지구상의 고통을 줄이기 위해 그들이 노력할 것이다. 붓다는 말했다.

"온 백성의 본성이 부처이다."

누구나 부처가 될 수 있기에 이 고통스러운 세상도 탈출할 수 있는 것이다. 이 길을 알려주신 부처님께 감사하지 않을 수 없다.

본래 부처인 싯다르타, 즉 석가모니는 지구라는 행성에 불법의 씨앗을 심으셨다. 그리고 수많은 붓다가 지구에서 탄생하게 되었다. 부처는 지구에서 해야 할 일을 끝냈고 아마도 불법이 전해지지 않는 다른 우주의 행성들을 돌고 계실 것이라고 믿는다.

내가 붓다를 외계인이라고 칭하는 것은 단순히 관심을 끌려고 하는 말이나 농담은 아니다. 사실 우주의 크기는 너무도 크기에 다른 별에도 생명체가 거주하고 있을 확률이 매우 높다고 한다. 그리고 그중 어떤 곳은 지구의 인간보다도 훨씬 발달된 과학기술을 가지고 있을 것이다. 이미 생명의 해탈이 가능한 외계 생물체가 지구인들에게 삶을 살아가는 방법에 대해 전수할 수도 있는 것이다. 나는 그 외계 생명체가 붓다가 아닌가 하는 생각을 조심스럽게 해본다.

마음의 평화가 진정한 성공이다

붓다의 가르침을 따르면 진정한 성공을 할 수 있다. 진정한 성공은 마음의 평화이다. 이 평화는 세상의 것에서는 찾을 수 없는 것이다. 진정 종교적 귀의를 통해서만 얻을 수 있는 것이 이 평화로움이다. 기독교에서는 이를 평강이라는 단어로 설명한다. 불교에서는 따로 단어를 설정하지 않는다. 왜냐하면 불교적 가르침을 따를 때 느낄 수 있는 당연한 감정이 평화이기 때문이다. 여러분이 화를 미소로 대할 때 우리는 내면의 분노와 경쟁에서 벗어나 진정한 자유와 행복을 느낄 수 있다. 화가 난다는 것은 어리석다는 뜻이다. 어렵게 쌓은 공덕을 날려버리는 것도 화이다. 화가 쌓이면 더욱 커지게 된다. 이는 사람들 간의 갈등과 분쟁을 가져와 사람들의 마음을 어지럽힌다. 이를 해소하는 것이 불교적 수행이자 자신을 낮추는 하심이다.

결국 사람들은 욕망을 이루는 것을 성공이라고 한다. 하지만 이는 쉬운 일이 아니다. 불교적으로 욕망을 줄여야 된다. 아니면 욕망을 이루기 위한 원을 세워 이를 이겨내는 것이야말로 진정한 성공일 것이다. 그렇다면 '무엇이 진짜 성공인가?'에 대한 에머슨의 정의를 살펴보겠다.

자주 그리고 많이 웃는 것
현명한 이에게 존경을 받고
아이들에게 애정을 받는 것
정직한 비평가로부터 찬사를 듣고
친구의 배반을 견뎌내는 것

아름다움의 진가를 알아내는 것

다른 이들의 가장 좋은 점을 발견하는 것

건강한 아이를 낳든

작은 정원을 가꾸든

사회 환경을 개선하든

세상을 조금이라도 좋은 곳으로 만들고 떠나는 것

당신이 살아 있었기 때문에

단 한사람의 인생이라도

더 쉽게 숨 쉴 수 있었음을 아는 것

이것이 바로 진정한 성공이다.

필자 역시 성공을 위해서 노력해 왔지만 에머슨의 정의에 따른 성공을 거두었는지 반성하게 된다.

흐르는 물이 돌을 뚫는다

부지런하라. 붓다는 일평생 사람들에게 부지런하라고 가르쳤다. 붓다는 게으름을 용납하지 못했다. 수행에서든 자기 일을 행함에 있어서든 부지런히 나아가라고 가르쳤다. 게으름으로는 결코 깨달음이나 성과를 얻을 수 없음을 알았다.

불수반열반약설교계경에는 다음과 같은 말씀이 나온다.

부처님이 말씀하셨다.
"부지런히 정진한다면 일에 어려움이 없을 것이다. 비유하면 작은 물 방울이 쉬지 않고 흐르면 마침내 돌을 뚫는 것과 같다. 게을러서 공부를 하지 않으면 그것은 마치 나무를 비벼 불을 내고자 할 때 나무가 뜨거워지기도 전에 쉬는 것과 같다. 그래서 아무리 불을 얻고자 해도 얻지 못하는 것이다."

부처는 부지런히 수행할 것을 권했다. 수행을 공부로 생각해 본다면 그는 쉬지 않고 공부할 것을 말한 것이다. 이 말은 흡사 논어에 나오는 공자의 말씀과도 비슷하다. 공자는 말했다.
"배우고 때때로 익히면 또한 즐겁지 아니한가."
이 말은 붓다의 부지런히 정진하라는 말과 결이 비슷하다. 결국 그들의 이야기는 서로 통하는 데가 있다.

불경에 나오는 이야기를 좀 더 살펴보자. 불을 피우는데 뜨거워지기도 전에 쉬면 이룰 수 없다고 하였다. 이 말은 요즘 나오는 임계점에 관한 이야기와 비슷하다. 물이 100도에서 끓듯이 그때까지 부지런히 온도를 높여야 한다. 마찬가지로 일에 부지런히 정진하는 말씀은 이미 2,500년 전에 붓다는 임계점까지 온도를 높여야 일이 성취된다는 원리를 아신 것이다.

불교와는 관련이 없지만 우리나라에도 이런 부지런한 정진에 대한 사례가 있다. 옛날에 황상이라는 사람이 살았다고 한다. 하지만 머리가 좋지 않아 늘 공부에 부족함을 느꼈다. 황상은 어느 날 정약용이 자신의 지역으로 내려온다는 소식을 듣고 그를 찾아갔다.

"선생님, 저는 저에게 세 가지 문제점이 있습니다. 첫째는 둔하고, 둘째는 꽉 막혔으며, 셋째는 미욱합니다."

라고 말씀을 올렸다. 그러자 정약용이 말하시기를

"공부하는 자들이 갖고 있는 문제점을 너는 하나도 갖고 있지 않구나."

"첫째는 기억력이 뛰어난 것으로 공부를 소홀히 하는 폐단을 낳고, 둘째는 글 짓는 재주가 좋은 것으로 허황한 데로 흐르는 문제점을 낳으며, 셋째는 이해력이 빠른 문제점으로 거친 데로 흐르는 문제를 낳는다."

"대저 둔한데도 들이파는 사람은 그 구멍이 넓어진다. 막혔다가 터지면 그 흐름이 성대해지지. 답답한데도 연마하는 사람은 그 빛이 얼마나 반짝반짝 하겠느냐."

"오직 부지런하고 부지런하고 부지런하라."

이에 황상은 크게 깨닫고 학문을 이루는데 노력해 큰 성과를 거두었다고 한다.

원효대사 해골물을 마시다

책은 좋은 것이다. 하지만 그보다 더 중요한 것은 마음에 있다. 닥터 프랭클 박사는 유대인 수용소에 수용되며 갖은 고초를 겪었다. 그는 죽음에 가까운 유대인 수용소에서 진리를 깨달았다. 그것은 다른 것은 어떻게 할 수 있을지는 모르지만 자신의 마음만큼은 어떻게 할 수 없다는 것이다. 모든 것은 마음속에 있었다. 나 역시 생각했다. 주위 환경이나 주어진 조건은 어떻게 할 수 없다. 하지만 상황에 대한 나의 마음만큼은 내 영역인 것이다. 불교에서는 이를 일체유심조라고 말한다. 이는 유명한 원효대사의 짧은 이야기 속에서 누구나 쉽게 알 수 있는 내용이다. 그 이야기는 다음과 같다.

원효대사는 깨달음을 얻기 위해 의상대사와 중국으로 향하는데 어느 날 밤 무너진 산속 어딘가에서 잠을 자게 되었다. 원효대사는 밤중에 일어나 바가지의 물을 마셨는데 무척 달콤했다. 아침에 일어나보니 그곳은 무덤이었고 바가지는 해골, 물은 썩은 물이었다. 원효대사는 구토를 하면서 문득 모든 것은 자신의 마음속에 달려 있다는 사실을 깨달았다. 그래서 그는 중국으로 유학 가지 않고 고국으로 돌아와 백성들에게 깨달음의 불법을 전수하였다.

원효대사가 깨달은 것은 모든 것은 마음에 달려 있다는 사실이다. 우리가 이 생에서 무엇을 하든 간에 결국 중요한 것은 우리 마음에 달려 있다. 심리학에서는 우리의 생각이 결국 우리의 내면을 지배하고 내면을 지배하는 것이 결국 외부로 나타난다고 한다. 한마디로 우리의 생각이 우리의 모습이 되는 것이다. 결국 마음먹기에 달려 있다는 것이 이 세상의 진리인 셈이다.

일본의 한 멘탈 코치인 이시다 히사쓰구는 가난하고 무엇도 안 풀리던 시절 한 사업가를 만난다. 그 사업가는 1년에 10억을 버는 사람이었는데 이시다 히사쓰구에게 충격적인 한마디를 던진다.

"이시다씨, 인생은 말이죠, 마음먹기에 달렸어요."

그 후 이시다 히사쓰구는 마음을 바꾸는 데 힘쓰자 그의 인생은 달라졌다. 연봉 2억을 벌게 되었고 회사를 만들게 되었고 결혼해서 두 아이의 아빠가 되었다. 그 역시 마음에서 인생의 해법을 찾았다. 또한 그를 결정적으로 바꾸었던 것은 불교적 깨달음인데 반야심경을 1,000번을 암송하고 나서 신비한 체험을 하고 감사가 인생의 전부란 것을 깨달았다고 한다. 결국 마음먹기, 그리고 모든 것에 감사함을 가지는 것이 그의 인생을 송두리째 바꾸어 놓았던 것이다.

이처럼 마음을 다스리는 것이 성공의 시작이자 끝이며 진정한 행복의 길로 나아가는 길이라는 것을 알 수 있다. 불교적 수행은 마음 다스리기에 좋으므로 이를 잘 활용한다면 당신의 삶도 성공과 행복으로 나아갈 수 있을 것이다.

부처님처럼 나 먼저 행복하자

불교 자체를 우습게 보는 사람이 있을지도 모른다. 하지만 불교 자체는 위대한 것이다. 붓다는 인류 전체를 구원하겠다는 마음을 가지고 수행에 전념해 깨달음을 얻고 평생에 걸쳐 포교활동을 한 사람이다.

나 역시 한때 불교를 패배주의자 비슷하게 보았던 점을 반성한다. 법정스님의『무소유』를 보며 이런 삶은 살지 않겠다며 책을 내던진 적이 있다. 그때는 열정이 끓던 20대 초반 시절이었고 그 당시의 나로서는 여러 세상의 것들을 맛보고 싶었다. 모든 것을 버리고 고행과 깨달음의 길을 가기 싫었던 것이다. 물론 그게 가능하지도 않았다. 지금도 내 안에는 성공과 세상의 것들을 누리고 싶다는 욕심이 있다. 그 욕심을 다 버리는 것은 아마 이 생에서는 불가능할지도 모른다. 하지만 나는 세상의 것을 누리면서도 사람들에게 도움이 되는 사람이 되고 싶다. 그게 붓다가 말한 최고의 경지에는 오르지 못할지라도 차선책으로서 내가 생각하는 가장 붓다와 가까운 삶일 것이다.

사실 내가 행복하지 않으면서 남을 돕는다는 것은 어불성설이다. 나는 최대한 나의 행복을 이룰 것이며 내 행복의 잔이 넘치게 된다면 그 넘치는 물로 다른 사람의 갈증도 적실 수 있을 것이다.

결국 불교의 가르침은 착하게 살라는 것이고 행복하라는 것이다. 불교에서는 죽음 이후에 대해서 말하기도 한다. 하지만 현재의 내가 행복한 게 사실 전부일 것이다. 인류는 지구에 머무는 순간 누구 하나 빠짐없이 행복하게 인생을 살아야 한다. 그러지 못하는 이유로 사회 탓 정부 탓을 하는 사람도 많지만 사실 붓다는 현실 세계를 개혁하고자 하는 개혁가는 아니었다. 우리의 잘못된 관념이나 아상, 집착 등으로 괴로워할 뿐 세상은 세상 그 자체로 아름답고 완벽하고 문제가 없다고 보았다. 그래서 불교는 보수적이라고 할지 모른다. 하지만 붓다는 가진 자를 위한 가르침보다는 전 계급의 모든 사람들에게 불성이 있다고 가르쳤다.

해외 셀럽들도 즐겨하는 명상

붓다의 가르침의 핵심 중 하나는 명상이다. 명상을 선이라고도 부른다. 명상을 통해 해탈의 경지로 나갈 수 있다는 게 사람들이 대부분 알고 있는 불교적 가르침이다. 이런 명상은 성공한 사람들이 많이 한다고 한다. 성공한 사람들의 공통점을 모아둔 『타이탄의 도구들』이라는 책에 의하면 성공한 사람들은 매일 가벼운 명상을 한다고 한다. 나는 사람들이 명상을 하기 때문에 성공한 것이 아니라 성공하면 자연스럽게 명상을 찾게 되는 것 같다. 성공하면 더 이룰 것이 없기에 내면에 집중하게 되고 내면의 힘을 기르기 위해 좋은 것이 바로 명상이기 때문이다.

영화배우인 아널드 슈왈 제네거, 가수인 저스틴 보레타, 법학자 아멜리아 분, 작가 마리아 포포바 등 세계적인 수준에 오른 사람들의 가장 중요한 루틴을 꼽으라면 단연 명상이다. 그들은 말한다.
"명상은 인간의 모든 능력을 향상시키는 원천기술이다."
"명상은 정신을 위한 샤워와도 같다."
아널드 슈왈제너거는 말한다.
"당신이 1년만 부지런히 명상을 하라고 권하고 싶다. 그러면 그 다음에 명상을 하지 않더라도 평생 동안 효과가 있을 것이다."
뮤지션인 셰릴 크로와 폴 매카트니를 비롯해 케이티 페리 역시 명상을 실천한다. 영화계와 방송계 스타인 제니퍼 애니스톤, 엘런 드제너러스, 제리 사인펠드, 하워드 스턴, 카메론 디아즈, 클린트 이스트우드, 휴잭맨 역시 명상을 한다. 레이달리오와 루퍼트 머독도 날마다 명상을 한다. 배우 겸 가수인 크리스틴 벨은 인터뷰에서 이렇게 밝혔다.

"매일 10분씩 명상을 해보세요. 어떤 문제가 있든 간에 명상을 하면 모든 게 풀립니다."

안젤리나 졸리 역시 인터뷰에서 이렇게 말했다.

"아이들과 함께하는 행위가 나에게는 곧 명상입니다. 자신이 정말 좋아하는 일, 자신을 행복하게 해주는 일을 하면 돼요. 그게 명상입니다."

이처럼 성공한 사람들은 명상의 중요성을 알고 있다. 누구나 쉽게 집에서 실천할 수 있는 것이 명상이기에 지금에 삶에 만족하지 못하고 있는 사람이라면 짧은 시간이라도 한번 명상을 실천하기를 권한다.

부처님 최후의 정복지 '마음'

붓다에게는 진정으로 나쁜 마음이 하나도 없었을까. 우리는 때론 부처가 된 듯하다가도 스스로의 악의와 부족한 마음에 뜨끔하게 된다. 붓다는 분명 인간과 똑같은 마음을 지녔을 텐데 나쁜 마음이 하나도 생기지 않았을까. 아니면 마음이 생겼는데 그걸 누그러트리거나 없앤 것일까.

티베트의 달라이 라마 역시 어떤 사람들에게는 살아 있는 붓다로 여겨지지만 그 역시 여자에게 마음이 혹한 적이 있다고 한다. 그도 사람인 이상 애정에 대한 감정을 느끼지 않을 수는 없었을 것이다. 하지만 그는 금방 그 마음을 지우고 청정한 마음을 지녔을 것이다.

붓다 역시 마음이 돌처럼 굳어진 것은 아니었다. 붓다 역시 깨달은 후에도 여러 가지 마음의 감정을 느꼈다. 하지만 이를 알아차리고 그것에 휘말리지 않았다. 붓다는 언제나 자신의 마음을 다스릴 수 있었고 자신의 마음의 조복을 받아내었다. 조복을 받아 내었다는 것은 마음을 무릎 꿇게 만들었다는 이야기이다. 왕이 다른 나라를 정복하려는 것과 같이 붓다에게 최후의 정복지는 자신의 마음이었다.

최근 들어 멘탈에 관한 것, 멘탈을 유지하고 지켜나가는 것에 대해 관심이 높아진 것 같다. 사실 멘탈이란 것은 오래전부터 있었던 것임에도 불구하고 최근 들어 유행처럼 이 용어가 사용된 것은 사실이다.

그렇다면 자신의 멘탈을 잘 관리하는 방법은 무엇일까. 이 문제에 관해서는 붓다야말로 가장 알맞은 해답을 줄 수 있다. 붓다는 이미 2,500년 전에 이 마음에 대한 문제를 연구했기 때문이다.

붓다는 마음이라는 것을 극복 가능한 것이라고 보았다. 자신의 마음이 자기 멋대로 움직이지 않도록 만드는 데 성공했다는 이야기이다. 하지만 그 역시 이를 위해서 6년여 동안의 수행이 필요했다. 그것을 생각하면 일반인이 마음이 흔들리는 것을 자책할 필요는 없다. 누구나 마음은 움직인다. 누가 더 빨리 다시 일어나 마음을 다잡고 앞으로 전진 하느냐가 중요하다. 그렇게 하기 위해서는 평소 마음을 관리를 잘하고 명상과 기도를 활용하는 것이 좋다.

성인들의 가르침은 결국 사랑이다

부처님이 위대해졌다는 것은 결국 사람을 사랑했다는 점이다. 모든 성인의 공통점은 결국 인간에 대한 사랑이다. 사람을 외집단과 내집단으로, 남과 내 사람으로 구별하지 않고 만인을 모두 사랑했다는 점이 성인들의 위대한 업적이다. 붓다를 비롯한 성인들은 한결같이 말한다. 사람을 사랑하며 살라. 붓다는 특히 사람뿐 아니라 살아 있는 모든 생명을 사랑하라고 가르친 위대하신 분이다.

공자의 가르침은 인이다. 인이란 사람을 사랑하는 것을 말한다. 예수님의 가르침 역시 사랑이다. 이웃을 내 몸과 같이 사랑할 때 진리를 볼 수 있다는 것이 예수님의 가르침이다. 이처럼 인류의 성인들은 하나같이 사랑을 강조하였다. 어쩌면 우리 인류가 기준을 못 잡고 혼란하던 시기 신들은 인류에게 이런 성인들을 보냄으로써 서로 사랑하라는 메시지를 전달하기 위함이 아니었을까.

　나 역시 사랑을 실천하려고 하나 모자란 것이 내 사랑이다. 자신조차 충분히 사랑하지 못하는데 누구를 사랑하고 아낄 수 있을까. 하지만 붓다의 지혜를 빌려 사랑을 하려고 한다. 무엇보다 충분히 사랑받지 못한 나 자신을 사랑하고 아끼고 싶다. 그런 다음에 가능하다면 가족, 친구, 친척, 그리고 이웃에게까지 사랑을 전달할 수 있으면 그때는 좀 더 나은 사람이 되었다고 기뻐할 수 있지 않을까.

성공 다음에는 붓다를 꿈꿔라

　이 책은 실패자를 위한 것이기도 하지만 성공자를 위한 것이기도 하다. 당신이 성공했다면 아마 더 이상 무엇을 해야 할지 고민될 것이고 많은 방황을 할 것이다. 더 큰 성공을 위해 뛰어보고 더 큰 성공을 해봐도 더 이상 무얼 해야 할지 고민하게 될 것이다. 나는 성공 뒤에는 붓다를 꿈꿔보라고 권하고 싶다. 세상에서 가장 행복했다는 붓다를 꿈꿔라. 그리고 나 자신의 행복을 찾은 다음에는 세상의 모든 이를 행복하게 만들겠다는 각오를 가져라. 진정 당신은 붓다가 될 수 있을 것이고 세상을 초월하는 기쁨을 누릴 것이다.

내가 붓다가 되기를 권하는 까닭은 내가 이미 성공을 경험해 보았기 때문이다. 교사와 작가가 된 이후 많이 공허했다. 이대로 살아도 되는지, 이미 이루고 싶은 것은 이루었는데 또 무엇을 해야 하는지 생각하는 시간이 많아졌다. 그 이후로도 성공학 서적이 말하는 것처럼 목표를 쓰고 목표를 달성하기 위해 살아 왔지만 언제까지 그것을 해야 하는지 내 스스로 지쳐 가고 있었다. 그때 만난 게 붓다였다.

'붓다의 완벽하고 행복한 삶을 내 삶에 적용하여 나도 붓다처럼 인생을 행복하게 살다가 가야겠구나.'

라고 생각했다. 불교 철학은 또한 죽음에 대한 공포를 많이 없애주어서 현재에만 집중하는 데 많은 도움을 주었다.

불교는 혁명이다

나는 불교를 노인들이나 믿는 시시한 것이라고 생각했다. 불교에 관한 책을 도서관에서 빌려보면서 나는 얼마나 불교에 대해 무지했는지 깨달았다. 불교는 생각하기에 따라 혁명이 될 수 있는 책이다. 아니 혁명 그 자체이다. 불교는 계급을 무너뜨리고 만인을 깨달음의 길로 인도하는 길잡이 같은 것이었다. 그 중심에는 석가모니가 있다.

그리고 나는 조상들에게 감사하다는 생각을 하게 되었다. 과거의 사람들이 이어온 불교의 길은 21세기 지금에도 통용 가능한 것이었다. 불교는 여전히 세상의 중심에 있다. 사람들이 그 가치를 발견하지 못하고 있을 뿐이다.

'모든 것을 상 아닌 것으로 보라.'는 금강경의 가르침과, 불타는 집에 대한 비유를 들려주는 법화경을 읽으면서 나는 차츰 마음에 평화를 찾아갔다. 그리고 내 행복은 나 자신에 달려있다는 확신이 들었다. 나는 누구보다도 행복할 수 있고 평화로울 수 있으며 나 자신의 잘못된 과거의 카르마에서 벗어나 새로운 운명을 창조할 힘이 있다는 것을 알게 되었다.

공이란 개념에 대해서도 배웠다. 만물은 이어져 있다는 것, 그 속에서 결국 세상이 모두 하나라는 사실도 알았다. 나무, 물, 바다, 바람, 동물들, 과거의 조상들, 컴퓨터, 자동차 모두가 서로 이어져 있었다. 이것 없이 저것은 존재할 수 없으며 저것 없이 이것 역시 존재할 수 없었다. 결국 전 우주가 나 자신이고 나 자신이 전 우주였던 셈이다. 삶이 무한대로 확장되는 순간이었다.

20세기에는 붓다와는 다른 혁명을 꿈꾸는 사람이 있었다. 그 사람은 1928년 6월 14일 아르헨티나의 한 유복한 집안에서 태어난 체 게바라이다. 그의 아버지는 건축 기사였고, 어머니는 프랑스 문학에 심취한 교양 있는 여인이었다.

열렬한 독서광이었던 그는 의사가 되기로 결심하고 의대에 진학한다. 그는 남미를 횡단하는 오토바이 여행을 했고 그것이 그의 정신을 일깨웠다. 의사가 되어 한 생명을 구하는 것보다 혁명을 통해 더 많은 사람을 구하고자 했던 것이다. 그는 혁명을 위해 게릴라로 전투를 하다 세상을 떠났다. 붓다와 체 게바라의 공통점은 무엇이었을까. 그것은 기존의 관념이나 사회의 시선을 넘어섰다는 것이다. 체 게바라는 새로운 세상을 꿈꿨고 붓다 역시 새로운 세계를 만들고 싶어 했다. 붓다는 꽃을 들고 체 게바라는 총을 들었다. 체 게바라가 붓다의 사랑을 알았더라면 좀 더 나은 방법으로 세상을 만드는데 기여하지 않았을까 싶다.

용맹정진으로 나아가라

붓다를 믿으면 성공하는 이유는 인생의 다양한 욕망에 사로잡히지 않고 목표에만 집중할 수 있는 힘을 주기 때문이다. 불교에서는 이를 용맹정진이라고 부른다. 수행을 하는 스님은 붓다가 되기 위한 수행에 용맹정진한다. 하지만 일반인이라면 자신의 목표를 향해 용맹정진해야 할 것이다. 올림픽에 나가는 선수라면 메달을 따기 위해, 그리고 수험생이라면 시험을 위해 몰두하는 것을 용맹정진이라고 한다. 붓다의 가르침을 받아 용맹정진한 사람은 목표를 이루고 성공한다. 인생에서 불필요한 것들을 다 걷어 내었기 때문이다.

두 번째는 붓다에게 배우는 자기 관리이다. 붓다의 지혜를 배우면 자기 관리능력을 배울 수 있다. 붓다의 철학은 철저히 자기 마음을 바라보는 것이다. 자기 마인드에 대한 이해가 장착되면 그 사람은 자기 관리를 완벽하게 해낼 수 있다. 자기 관리가 완벽한 사람은 성공할 수밖에 없다.

세 번째는 이타성이다. 붓다의 가르침은 타인을 향하고 있다. 물론 자기 자신을 바라보고 사랑하는 것이 제일 중요하게 생각되는 가르침이지만 이는 타인을 돕기 위함이기도 하다. 보살이라는 개념은 자신의 수행과 더불어 남을 도우라는 가르침이 포함되어 있다. 누구나 보살이 되어야 하고 그 보살이 됨으로써 나와 타인을 구제할 수 있다는 것이 불교의 가르침이다.

평생 수행과 가르침만 한 붓다

붓다는 깨닫고 난 뒤 45년 동안 두 가지 일에만 집중했다. 하나는 수행이고 하나는 가르침이었다. 수행은 자신을 가다듬기 위해서 틈틈이 한 것이고 가르침은 전 인류에 대한 자비에서 나오는 가르침이었다. 그는 자신을 수행하고 남을 가르침으로서 사람들을 고통의 바다에서 건져 내었다. 그는 여러 사람의 비난과 공격을 받기도 했다. 하지만 그는 흡사 전쟁에 나선 코끼리가 화살을 묵묵히 견디듯이 참고 견디면서 사람들을 불법의 세계로 인도했다.

오늘날의 교수들도 붓다와 마찬가지로 자기 연구와 학생들을 가르치는 일, 둘 다를 맡고 있다. 그들이 불교 철학을 안다면 훨씬 쉽고 가벼운 마음으로 두 가지를 행할 수 있지 않을까 싶다. 나 역시 교사로서 자기계발과 학생들을 가르치는 일 모두를 행하고 있다. 끝없이 자신을 가다듬는 자기 수행을 해야 하고, 아이들을 올바르게 지도해야 할 것이다. 그 일이 처음에는 내게 부담되는 일이었지만 붓다의 삶에서 자연스러운 두 가지였다는 사실을 알고 나 역시 담담하게 그 일을 수행하려고 한다. 붓다의 그 능력에는 미치지 못할 것이다. 하지만 나도 최선을 다해 내 역할을 하려고 한다. 그게 가장 붓다를 따르는 지름길은 아닐까?

또한 살면서 중요한 것은 우선순위이다. 인간은 시간적 한계, 능력의 한계 등으로 모든 일을 다 잘해 낼 수 없다. 어쩔 수 없이 가장 중요한 일에 자신의 에너지를 집중하는 것이 필요할 것이다. 2080법칙에 의하면 가장 중요한 20%가 80%의 성과를 낸다는 연구가 있다. 붓다에게 그것은 수행과 가르침이었다. 다른 일반인들은 각자가 중요하게 생각하는 것이 있을 것이다. 자신의 우선순위에 따라 행동하면 성과를 높일 수 있고, 중요한 일에 집중하기에 시간의 낭비 없이 자신의 능력을 마음껏 발휘할 수 있다. 그래서 우선순위에 따른 일처리를 직장인에게 강력 추천한다.

지금이 가장 중요하다

불교의 핵심은 지금에 집중하는 것이다. 과거를 탓할 것도 없고 미래를 꿈꿀 것도 없다. 지금에 집중하는 것만이 깨달음에 이르는 길이다. 붓다 역시 깨달을 때 이전 과거를 생각지 않았고 미래를 꿈꾸지도 않았다. 깊은 선정에 빠져 지금 이 순간의 깨달음을 추구했다.

하지만 현대인들은 지금에 머무르지 못한다. 지금 이 순간 깨어있음이 중요하다. 하지만 우리는 과거나 미래로 정신이 날아간다. 미래의 일을 걱정하고 과거의 일을 후회한다. 우리는 현재에 존재하지 못한다. 우리는 음식물을 먹거나 차를 마실 때 그리고 걸을 때나 무언가 일을 할 때 그것에 집중한다면 현재에 머무는 훈련을 할 수 있다. 틱낫한 스님은 현재에 머무는 마음이 인생에 평화와 행복을 가져다준다고 역설한 적이 있다.

지금이 중요한 것은 지금은 다시 오지 않을 순간이기 때문이다. 순간의 지금은 시간이 지남에 따라 과거가 될 뿐이다. 그러므로 현재에 집중하는 것이 삶을 가장 올바르게 살아가는 방법이 된다. 그리고 오지 않는 미래는 순간순간 다가오면서 지금의 현실이 된다. 그러므로 미래를 가장 잘 살아내는 방법도 지금의 순간에 집중하는 것이라고 보면 되는 것이다.

예를 들어 수험생에게 있어 가장 중요한 것은 지금이라는 순간이다. 지금의 순간에 집중할 때 가장 좋은 성적을 낼 수 있다. 물론 미래 계획은 세워야 한다. 하지만 현재에 충실할 때 가장 값진 결과를 얻을 수 있다. 마찬가지로 직장인들에게도 가장 중요한 것은 현재이다. 미래의 휴가 날짜를 기다릴 수도 있지만 그때가 되면 순식간에 지나갈 것이다. 현재의 일에 집중할 때 현재의 순간들이 순식간에 지나갈 것이며 휴가 날이 되어 휴가를 즐기고 있는 자신을 발견하게 될 것이다.

지금은 다시 오지 않을 순간이다. 난 재수와 삼수를 해보았기 때문에 일 년이라는 시간의 가치를 잘 알고 있다. 지금 생각하면 그때의 1~2년이란 시간이 아깝다. 내가 그 순간에 집중해서 공부를 잘 해내었다면 시간의 낭비 없이 바로 좋은 결과를 이끌어 낼 수 있었을 것이다. 그리고 직장에 들어와서도 하루하루에 집중하지 못하고, 현재의 일에 지겨워하던 날들이 많았다. 하루하루를 소중히 여기고 아낌없이 살았다면 지금의 나는 이전보다는 훨씬 더 나아져 있을 것이다.

결국 필자가 권하는 것은 현재에 집중할 것과 시간을 낭비하지 말 것이다. 이는 부처님 말씀과 동일한 것이다. 붓다의 지혜를 배운 자라면 집중하고 낭비 없는 삶을 살게 될 것을 확신한다.

마왕과 붓다를 만든 것은 보시이다

깨달으려는 싯다르타를 유혹한 마왕이 세상의 마왕의 될 수 있었던 이유는 전생의 한 번의 보시 때문이었고 싯다르타가 붓다가 될 수 있었던 것도 역시 전생의 한 번의 보시 때문이었다. 보시를 우습게 보지 말라. 보시로써 깨달음을 얻을 수 있고 생애의 운명이 완전히 달라질 수 있다.

그러나 보시는 돈으로만 하는 것은 아니다. 마음을 열면 얼마든지 보시를 행할 수 있다. 잡보장경에는 재물이 필요 없이 보시하는 7가지 방법을 제시하고 있다. '무재 칠시'가 그것이다.

첫째는 안시. 눈으로 하는 보시라는 뜻. 안시는 항상 부드러운 눈빛으로 다른 사람을 대하는 것을 말한다.

둘째는 화안열색시. 얼굴로 하는 보시라는 뜻. 즉 언제나 다른 사람에게 온화한 얼굴과 즐거운 모습을 보여주는 보시를 말한다.

셋째는 언사시. 말로 보시하라는 뜻이다. 사람이 짓는 업 가운데 입으로 짓는 업이 가장 많다. 욕설, 거짓말, 이간질, 이치에 닿지 않는 말이 그것이다. 말을 할 때는 언제나 진실한 말, 칭찬하는 말을 해야 한다.

넷째는 신시. 몸으로 하는 보시라는 뜻이다. 사람을 만나면 항상 먼저 일어나 맞이하고 인사를 올리는 것도 훌륭한 보시다.

다섯째는 심시. 마음으로 하는 보시라는 뜻이다. 사람을 대할 때는 언제나 온화하고 착한 마음으로 대하여야 한다. 타인에 대한 동정과 이해, 관용은 마음으로 할 수 있는 가장 큰 보시다.

여섯째는 상좌시. 자리를 양보하는 보시라는 뜻이다. 버스나 전철에 빈자리가 나면 엉덩이부터 들이미는 사람이 있다. 그런 사람은 왠지 밉상스럽게 보인다. 양보의 미덕을 잃어버렸기 때문이다. 부처님은 제자에게도 자리를 양보했다고 한다. 우리가 배워야 할 자세이다.

일곱째는 방사시. 잠자리를 보시한다는 뜻이다. 먼곳에서 손님이 찾아오면 방석을 내주고 잠자리를 내주는 것도 보시가 된다. 이렇게 복을 짓는 사람은 머지않아 궁전 같은 집에서 살게 되며 붓다가 된 이후로는 좋은 정사를 얻는다고 한다.

붓다가 되기로 결심했다

나는 붓다가 되기로 결심했다. 작가와 교사로서 삶을 살아가면서 나는 내가 이루고자 했던 것을 많이 이루었다. 성공한 마음과 출세한 기분도 느껴보았다. 그 이후 나는 더 큰 성공을 위해 뛰어야겠다고 생각했다. 하지만 문제는 그다음이었다. 결국 내가 생각했던 것은 나의 행복감에 관한 것이었고, 다른 사람의 행복에 관한 관심으로 이어졌다. 결국 생각해 낸 것은 붓다의 삶이었다. 어릴 때 붓다의 삶을 읽고 감명받은 적이 있다. 언젠가는 깨달음의 세계로 가야 하겠다고 다짐했지만 현실의 삶을 정신없이 살아내느라 잊고 있었다. 내 스스로 행복해지고 싶었고 다른 사람의 고통을 덜어주고 싶었다. 그 두 가지를 해낸 사람은 역사적으로는 붓다밖에 없었다. 인간은 어떠한 한계, 즉 생로병사에서 일 인치만큼도 나아가지 못한 존재이다. 이 불쌍한 존재를 향한 조용한 가르침이 붓다의 가르침이었다. 속세에서의 성공과 출세만을 쫓던 내가 생각을 되돌리게 된 것은 그런 붓다의 가르침이었다. 붓다의 가르침마저 속세의 성공과 연관 지었던 과거에서 벗어나 진정한 행복의 길, 열반의 길, 타인을 구해주는 보살의 길을 걸어가고 싶었다.

보살은 이 세상에 머무르면서 위로는 깨달음을 구하고 아래로는 민중들의 구원을 도와주는 존재이다. 나는 보살이 되고 싶었다. 한 연예인은 악플로 고생하다가 보살이라는 별명으로 바뀌어 불리게 되었다. 아마도 그는 군대 생활 동안 고생을 많이 했을 것이고 그 고생이 보답받은 것이다. 나 역시 그처럼 군대 생활과 직장생활을 통해 나를 많이 다듬었다. 예전에는 나밖에 모르는 인물이었으나 이제는 타인의 고통에 감수성이 민감한 사람이 되었다. 남의 고통에 단지 아파하는 사람이 아니라 남의 고통을 덜어주는 사람이 되고 싶었다. 그러기 위해서는 힘을 길러야 된다. 그래서 나는 정신적·육체적·사회적으로 강자가 되기 위해 노력 중이다. 진정한 강자가 되었을 때야말로 아픔에 고통받는 약자들을 도울 수 있다. 붓다가 중생들을 도울 수 있었던 것은 마라도 이겨낼 만큼 강한 자가 되었기 때문일 것이다. 마라도 정복한 강한 힘을 지녔기에 일체 중생을 고통에서 건져내 구원에 이르는 길을 가르쳐 준 것이다.

당신이 이미 성공한 사람이라면 이제 성공은 그만두고 붓다의 꿈을 꿔라. 인간 세상에서 무슨 꿈을 이루든지 간에 지구에서의 인생은 잠시 머물다가는 여관에 불과하다. 진정한 귀의처를 찾으려면 불법에서 찾아야 한다. 영원불멸의 세계인 불법에 몸을 담아라. 그리고 일시적인 여관집에서 벗어나라. 그곳이 아무리 화려해도 잠시 머물다가는 집에 불과하다.

비난이나 비판에 굴하지 말라

"말을 많이 해도 비난받으며, 말을 적게 해도 비난받으며, 말을 안 해
도 비난받을 수 있다."

붓다는 다음과 같이 말하며 결코 비난받지 않는 사람은 한 명도 없다
고 말했다. 우리가 사회생활을 하면서 사람들의 오해나 혹은 의견으로
비난받을 수 있다. 하지만 참고 이겨내야 한다. 전장에 나선 코끼리는 화
살을 묵묵히 참고 버틴다. 우리도 비난을 참고 용기 있게 나서야 한다.
맹자 역시 이와 비슷한 말을 한 적이 있다.

"남의 칭찬이나 비난에 굴하지 말라."

사람은 누구나 때아닌 칭찬이나 근거 없는 비난을 당할 수 있으니 이
에 의연히 대처하라는 것이다. 인류의 성인들의 의견은 이처럼 같은 주
장을 하는 경우가 많다.

이렇게 보았을 때 인간관계가 얼마나 중요한지 알 수 있다. 우리가 직
장이 힘든 이유는 일 때문이기도 하지만 사람 사이의 관계 때문이다. 나
와는 맞지 않는 그저 맞지 않는 것을 넘어 적이 되는 관계에 있을 때 사

람들은 괴로워서 견딜 수 없게 된다. 그럴 때는 역시 자신을 수그리는 수밖에 없다. 겸손한 마음 자세로 자신의 의지를 내려놓을 때 마찰 없이 상대방과 잘 지낼 수 있게 된다. 그것은 지식이나 능력이 뛰어나서 되는 게 아니라 낮춤의 지혜를 체득했을 때 가능하기에 젊은층에게는 어려울 수도 있겠다.

하지만 중요한 것은 겸손도 배울 수 있다는 것이다. 남을 위에 두고 나를 낮추는 자세를 가질 때 우리는 그 사람과 좋은 관계를 유지할 수 있다. 나보다 상대방을 높여주는데 싫어하는 사람은 없을 것이다. 서로가 고개를 숙이지 않으면 마찰이 있을 수밖에 없다. 그래서 현명한 사람은 자신을 낮추는 지혜를 발휘한다. 여기서 옛날이야기 하나를 하고자 한다.

젊은 나이에 문과 시험에 합격하여 군수로 선출된 맹사성은 자신에게 가득 찬 자부심을 가지고 있었다. 그의 마음은 자신의 지식과 능력에 대한 믿음으로 가득 차 있었다. 그러다 어느 날, 그는 지혜를 배우기 위해 유명한 스님을 찾아갔다.

"제게 지혜를 알려주십시오."

맹사성이 스님에게 물었다. 스님은 간단히 말했다.

"잘못된 일보다 착한 일을 많이 하는 것입니다."

맹사성은 실망하며 말했다.

"그건 삼척동자도 다 아는 이치 아닙니까."

그러자 스님이 빙그레 웃으며 대답했다.

"그 말은 아이도 알지만, 그것을 실천하는 것은 팔십 노인도 어렵답니다."

맹사성은 스님이 우습게 보였다.

이에 스님은 찻잔에 물을 따랐다. 그런데 찻물이 넘치는데도 계속 스님은 물을 따랐다. 넘치는 차를 보고 맹사성이 물었다.

"스님, 찻물이 넘쳐 방바닥을 적시고 있는 것이 안 보이십니까?"

스님은 대답했다.

"차가 넘쳐 방바닥을 적시는 것을 알면서, 지식이 넘쳐 인품을 망치는 것은 어찌 모르나요."

맹사성은 스님의 말에 부끄러워하며 황급히 일어났고, 빠르게 나가려다 문틀에 머리를 부딪쳤다. 그러자 스님은 웃으며 말했다.

"고개를 숙이면 부딪치는 법이 없습니다."

맹사성은 스님의 말에 깨달음을 얻었고, 그의 마음에 깊은 변화가 일었다.

'아, 내가 책을 좀 읽어 지식이 있다고 오만했구나!'

그는 생각했다. 그때부터, 맹사성은 스님의 가르침을 깊이 숙고하고, 스님의 가르침대로 살기로 결심했다.

이 이야기에서 배울 점은 역시 겸손이다. 맹사성은 분명 뛰어난 인재였으나 아직 그것으로는 모자랐다. 지금 직장에 들어간 젊은이들은 분명 뛰어난 인재들이다. 하지만 그것으로는 부족하다. 자신의 지혜가 부족함을 깨닫고 윗사람과 동료들과 함께 일할 수 있는 지혜를 배워야 한다. 그럴 때 진정으로 세상에 쓸모 있는 훌륭한 인재로 거듭날 수 있을 것이다. 막 사회생활을 시작하는 사람들은 이 맹사성의 지혜를 배우는 것이 좋을 듯하다.

컵라면을 생라면으로 먹어 보았는가?

이 책을 쓰면서 사실 몰랐던 것도 많았지만 그에 반해 아는 것도 정말 많았다. 사실 불교는 우리 생활 속에 많이 녹아 들어있기 때문에 일반인들도 웬만한 개념 같은 것은 다 알고 있다. 그런데도 왜 우리는 일상 속에서 행복을 느끼지 못할까. 이것은 실천의 부재이다. 우리는 아는 지식의 차원을 넘어서 실행으로 행동하는 지혜의 차원으로 넘어서야 진정 행복감을 얻을 수 있다. 우리는 이미 잘 알고 있는 불교적 개념들을 지혜의 차원으로 받아들이고 진정 내 삶에 적용해야 한다. 그러면 우리는 이전보다는 훨씬 행복할 수 있다. 중요한 것은 지혜이며 이는 일상에서의 깨달음이나 실천을 통해서 얻을 수 있다. 이를 위해서는 일상에서의 생각의 전환이 가장 필요하다.

사람들은 흔히 군인정신을 무식한 것이라 여긴다. 하지만 필자는 군대 훈련병 훈련을 받으며 군대 정신의 뛰어난 점을 많이 발견했다. 한번은 컵라면을 먹는데 컵라면을 부숴서 수프를 뿌려 생라면으로 먹는 것이었다. 이전까지 나는 한 번도 컵라면의 면을 부숴서 생라면으로 먹는 것을 생각해보지 못했다. 고등학교 시절 기숙사에서 컵라면에 뜨거운 물이 안 나와 징징댔던 적이 있다. 나의 그 징징거림은 군대에서 보기에는 배부른 투정에 불과했던 것이다. 여기서 내 고정관념이 한번 깨졌다. 또 한번은 바지에 수통을 차야 하는데 아무리 해보아도 잘되지 않았다. 하지만 나는 반드시 수통을 차고 나가야 했다. 결국 어떻게든 해야겠다는 생각에 하다 보니 완전 무장을 할 수 있었다. 해야 한다는 군대 정신이 결국 어떻게든 되게 만든 것이다. 이렇게 짧은 훈련병 때의 생활 동안에 배운 것이 나에게는 큰 도움이 되었다. 그리고 군대가 일이 되게 만드는 현실적인 조직이라는 것도 깨달았다.

마찬가지로 불교 역시 염세적이라는 비판이 있으나 그것을 사용하기에 따라 보물이 될 수도 있는 것이다. 불교적 가르침을 보물로 만들기 위해서는 진정으로 깨닫고 실천하는 연습이 필요하다.

행복의 크기가 성공의 크기다

붓다가 이룬 깨달음의 경지를 우습게 보는 사람도 있을 줄 안다. 그들은 대개 돈이나 명예 또는 세속에서의 성공을 이루거나 이루려는 사람이다. 하지만 붓다는 한 나라의 왕이 될 수 있었다. 왕이 된다는 것은 모든 것을 갖고 지배한다는 것이다. 부와 명예를 한 손에 갖는 것을 의미한다. 인간이 이룰 수 있는 최고의 성공이다. 하지만 붓다는 이런 성공을 버리고 사문의 길을 택했다. 왜냐하면 왕이 주는 성공은 영원하고 흔들림 없는 행복이 아니라는 사실을 알았기 때문이다. 그래서 붓다는 영원히 흔들리지 않고 깨지지 않는 행복을 찾았다. 그것이 바로 니르바나 곧 열반이다.

사람이 사랑한다는 것, 그것을 말로 표현할 수 있을까. 진정한 사랑은 그 어떤 수식어로도 표현될 수 없는 것이다. 때론 뛰어난 문인들은 시어들의 아름다운 구사로 사랑을 표현해내기도 하지만 그것 역시 비유적인 표현일 뿐 진정한 사랑은 말로 설명할 수가 없다.

붓다는 그런 사랑을 이룬 사람이다. 세상 모든 것을 버리고서 전 인류에 대한 사랑만이 남았다. 그것이 붓다가 이룬 가장 큰 업적이다.

성공의 크기는 행복의 크기가 아니다. 오히려 행복의 크기로 성공을 재단해야 한다. 그런 면에서 붓다는 가장 행복했기에 가장 성공한 사람이 아닐까. 그리고 행복이라는 것은 결국 인간 간의 사랑하는 마음에서 나온다는 평범한 진리를 다시 한번 느끼게 된다. 사실 우리는 세속에서 살아가면서 돈이나 명예, 지위, 권력 같은 것을 추구한다. 하지만 그것은 행복의 본질을 흐릴 뿐 진정한 행복은 사랑을 주고 사랑받았던 기억에서 오는 것이다.

인생 최후의 과제, '사랑'

사람들은 대부분 돈을 목적으로 살아간다. 돈이 있으면 행복할 것이라는 논리이다. 하지만 역사상 위대한 성인들의 가르침은 다른 사람을 사랑하라는 것이다. 여기서 사랑은 나의 가족이나 친지 같은 내집단만을 대상으로 하는 것이 아니다. 그것은 어쩌면 당연한 사랑이다. 나 이외의 자신과 관련 없는 외부집단까지 사랑할 수 있어야 진정한 사랑이다. 예수님은 그래서 가난한 자들과 천한 자들과 허물없는 친구가 되었고, 부처님은 불가촉천민들까지 포용하여 그들을 부처로 바라보았다.

사람을 사랑하는 것은 어쩌면 인생 최후의 과제이다. 우리가 어떠한 직업이든 직장만 다니고 있다면 돈을 얼마간 저축해 나가는 것은 그다지

어려운 일이 아니다. 하지만 조건 없이 어려운 이웃들을 도와주고 진심으로 그들과 함께하고 봉사하는 일은 쉬운 일이 아니다.

　인생 최후의 과제인 사랑을 달성하면 그 누구보다 본인 스스로 알게 된다. 기독교에서는 진정한 이웃사랑을 하면 인생에서 구원을 얻을 수 있을 것이라고 말한다. 불교 역시 다를 바 없다. 종교의 최후의 관건은 결국 나 이외의 다른 사람을 진정으로 사랑할 수 있는가에 달려있기 때문이다. 이는 단지 동물들의 사랑과는 다르다. 연인과의 사랑은 동물들도 하는 것이다. 자식을 사랑하는 것은 동물들도 하는 것이다. 하지만 타인에 대한 사랑은 동물들이 할 수 없는 것이다. 몇몇 동물들이 있지만 그들은 유전적인 친숙함을 바탕으로 서로를 도울 뿐이다. 하지만 인간은 다르다. 자신과 전혀 관계없는 인간에 대한 이타성을 발휘하는 유일한 존재는 오직 인간이다. 그러므로 인간은 타인을 사랑함을 통해 스스로의 존귀함을 드러낸다고 볼 수 있다. 붓다의 가르침은 철저히 이타성에 초점을 두고 있다고 할 수 있다.

붓다, 보리수나무 밑에서 깨닫다

　싯다르타는 네란 자라 강에서 몸을 씻었다. 그리고 음식을 먹기 시작했다. 원기를 회복한 그는 보리수나무 아래에 앉아 깊은 명상에 잠겼다.

7일째 되던 날 새벽녘에 별이 반짝였다. 이윽고 명상에 잠긴 싯다르타가 기쁨을 느꼈다. 깨달음을 얻은 것이다.

　싯다르타는 깨달음을 얻은 후 그게 바른 깨달음인지 한동안 앉아서 생각해보았다. 그리고 자신의 깨달음을 사람들에게 전하기로 마음먹는다. 그가 처음 찾은 것은 그가 명상을 배운 스승들이었지만 두 분은 모두 세상을 떠난 이후였다. 그래서 싯다르타는 자신과 같이 수행하던 5명의 사람들에게 깨달음을 전하기로 결심했다. 그래서 싯다르타는 그들을 찾아가 진리를 설법했다. 그가 처음 전한 것은 사성제라고 불리는 가르침이었다. 그것은 열반으로 가는 네 가지 진리였다. 사성제는 다음과 같다.
　"괴로움이라는 진리, 괴로움의 발생이라는 진리, 괴로움의 소멸이라는 진리, 괴로움의 소멸이 이르는 길이라는 진리이다."

　증일아함경에서는 이를 다음과 같이 설명한다.

　"어떤 것이 괴로움이라는 진리인가?
　태어나는 괴로움, 늙은 괴로움, 병드는 괴로움, 죽어가는 괴로움, 근심하고 슬퍼하고 걱정하는 괴로움, 미워하는 사람과 만나는 괴로움, 사랑하는 이와 헤어지는 괴로움, 구해도 얻지 못하는 괴로움이다."
　"어떤 것이 괴로움의 발생이라는 진리인가?

느낌과 애욕을 끊임없이 일으켜 항상 탐내어 집착하는 것이다. 이것이 괴로움의 발생이라는 진리이다."

"어떤 것이 괴로움의 소멸이라는 진리인가?

저 애욕을 남김없이 멸하여 다시 일어나지 않게 하는 것이다."

"어떤 것이 괴로움의 소멸에 이르는 길이라는 진리인가?

그것은 8정도이니, 바르게 알기, 바르게 사유하기, 바르게 말하기, 바르게 행하기, 바르게 생활하기, 바르게 노력하기, 바르게 알아차리기, 바르게 집중하기이다."

우리는 사성제를 알아야 하고 그것에 대한 해답인 8정도를 알아야 한다. 이것은 불교를 알아야 하는 자들이 기초적으로 알아야 할 지식이다.

세상일에 빠지지 말라

정토종 제 8조사인 연지대사는 죽창 수필에서 이렇게 말했다.

"사람은 누구나 세상을 살아가는 데 있어 자마다 좋아하는 일이 있기 마련이고, 그 좋아하는 일을 하면서 세월을 보내고 늙어간다. 좋아하는 일에는 맑은 것도 있고 탁한 것도 있다. 가장 탁한 일은 재물을 좋아하는

것이고, 그다음은 여자를 좋아하는 것이며, 그다음은 술 마시기를 좋아
하는 것이다. 조금 맑은 것은 골동품을 좋아하거나 거문고나 바둑을 좋
아하는 것, 또 산수를 좋아하는 것이나 시 읊기를 좋아하는 것이다. 그보
다 더 맑은 것은 독서를 좋아하는 것이다. 책을 펼치면 이익이 있으니 좋
아하는 것 중에 가장 낫다고 할 수 있다. 더 맑은 것은 불경읽기를 좋아
하는 것이고, 그보다 더 맑은 것은 마음을 깨끗이 하는 것이다. 좋아하는
것이 마음을 깨끗하게 하는 경지에 이르면 세상 밖의 취미 가운데 가장
훌륭하다. 차츰 아름다운 경계에 들어가는 것이 마치 사탕을 맛보듯 달
콤할 것이다."

필자 역시 재물 모으는 것을 좋아한다. 그런 면에서 가장 탁한 사람일
지도 모른다. 하지만 필자에게 희망이 있었던 것은 독서를 좋아한다는
것이다. 이는 좋아하는 것 중에 가장 낫다고 한다. 필자는 아직도 도서관
에 있는 수많은 책을 보며 경외심을 느낀다. 도서관의 책들은 모두 사람
들의 뜨거운 열정의 흔적들이다. 수많은 인류의 저자들이 써놓은 책에
감탄하면서 한 권 한 권을 읽어나갈 뿐이다. 이번 책을 쓰면서 불경도 많
이 읽게 되었으니 더 맑아질 것이라고 기대한다. 더불어 종종 명상을 하
게 되었으니 마음을 깨끗이 하는 데도 많은 도움이 될 것 같다. 마음이
깨끗한 자가 된다면 내생에서의 태어남뿐만 아니라 현세에서도 많은 도
움이 될 것이다. 명예와 명성이 높아질 것이고, 깨끗하고 착한 자라는 칭

찬을 듣게 될 것이다.

달라이 라마는 새벽 3시 30분에 일어나 5시간 동안 명상을 한다고 한다. 명상 중에 그는 세상에 대한 자비심과 이해심을 키운다. 그렇게 열심히 마음을 깨끗이 하는 명상을 하는 사람이기에 누군가에게는 신이자 왕이라고 불리는 게 아닌가 싶다.

직장인인 나는 하루에 5시간 이상을 명상하지는 못하지만 하루에 5분 명상이라도 지켜가면서 하려고 한다. 짧은 명상시간이지만 순간에 집중하면서 깨달은 점이 많다. 틱낫한 스님은 명상을 하기 위해 따로 명상원 같은 데를 찾을 필요는 없다고 한다. 일상에서 숨쉬기를 들여다보거나 차 마시는 것, 걷기와 같은 것을 마음을 담아 한다면 그 순간이 가장 깨어있는 시간이 될 것이라고 말했다.

온 중생의 구원을 위한 금강경의 가르침

싯다르타였던 본래 부처님처럼 필자 역시 사람들을 고통에서 구하고 행복하게 만들고자 이 책을 썼다. 어쩌면 책 한 권으로 한 사람의 인생을 구한다는 것은 가당찮은 것일지도 모른다. 하지만 금강경을 읽으면서 이 책의 값어치가 귀하다는 것을 깨달았다. 혜능 역시 어머니를 모시며 땔감을 구해 생계를 이어가고 문자도 모르는 사람이었지만 금강경의 한 구절, '마땅히 집착하는 바 없이 그 마음을 내라.'를 듣고 깨달음을 얻었기 때문이다.

그처럼 금강경을 가르치고 알리는 것은 귀하고 귀한 일이다. 붓다 역시 그렇게 말했고, 많은 금강경을 연구하는 사람들 모두 그 한마음으로 금강경을 해석해 왔을 것이다. 금강경에서는 말한다.

"상이 상아님을 깨닫게 된다면 부처를 보리라."

어떤 상에도 집착하지 말라는 가르침이다. 이 가르침으로 부처는 금강경이 가장 값지다고 말했다.

금강경에서는 상이 상아님을 깨닫는 것이 진리를 아는 것이라고 말한다. 그것은 지금 여러 절에 있는 부처님 상을 부처님으로 여기고 절하는 것은 모두 허상이라는 것을 의미한다. 물론 법당에서 절하는 것은 자신을 부처님께 내어놓고 자신을 낮추는 하나의 방법이다. 하지만 부처를 상으로 바라보아서는 부처를 볼 수 없다. 사실 진정으로 깨닫는다면 어떤 장소에든 부처님을 만나볼 수 있다. 깨우친 사람은 그 자리가 이미 절이며 그 자리 그 순간에 부처를 만날 수 있다. 사실 부처란 궁극적으로 자기 자신이기도 하기 때문이다.

애욕은 고통이다

불교의 핵심은 욕심을 버리라는 것이다. 사실 우리가 괴로운 것은 누가 우리를 괴롭혀서가 아니라 우리의 이루어지지 않은 욕심 때문이다. 욕심을 버리는 법은 쉽다. 그냥 욕심을 버리면 된다. 불교 서적을 읽어본들 별다른 해답이 나오는 것이 아니다. 그냥 욕심을 버리는 것이다. 하지만 실제로 욕심을 버리는 사람은 극히 적다. 뜨거운 불덩이 같은 욕심에 집착하는 것은 아마도 그 욕심의 덩어리가 자신에게 몹시 만족감을 주기 때문일 것이다. 그래서 고통스러움에도 그 욕심을 버리지 못한다. 욕심을 버리는 것이 힘들면 욕심을 줄이는 방법도 있다. 욕심이 줄어들수록 우리의 행복지수는 높아진다. 매우 과학적인 원리이다. 신을 상정해 그에게 자신의 욕심을 이뤄달라고 기도하는 것보다 훨씬 행복해진다. 그래서 불교는 괴로운 인생에 대한 하나의 해법이다.

나 역시 괴로웠던 시절이 있었다. 주로 여자친구를 잡고자 할 때 나는 괴로웠다. 내 마음과는 달리 여자친구는 내 곁에 와서 애인으로 있어 주지 않았다. 그때 무척 고통스러웠다. 그런 내 마음을 달래준 것이 『붓다』라는 부처님의 생애를 다룬 저서였다. 그 이후로도 나는 종종 괴로웠는데 『붓다』라는 책과 『바라는 것이 없으면 괴로울 일도 없다』 등의 책을 보면서 괴로움을 해소했다. 나는 괴로운 것은 나의 욕심 때문인 것을 알았고 욕심을 버릴 때 진정으로 자유롭고 고통스럽지 않다는 것을 깨달았다.

아파트 안에서 실천하는 불교

불교적 가르침에 의하면 나는 당장 모든 것을 접어두고 절로 들어가 수행을 해야 할 것이다. 하지만 나는 직장을 그만두고 스님으로 생활할 자신은 없었다. 그래서 찾아본 것이 일상에서 할 수 있는 깨달음의 실천이었다. 많은 사람들이 나와 같을 것이다. 깨달음을 얻고 싶지만 스님 될 자신은 없는 것이다. 그렇다면 일상에서 실천할 수 있는 불교적 깨달음의 길은 무엇일까.

첫째, 일상이 도이다. 일체 일생의 행위들이 도라는 관점이다. 이는 마음의 깨달음을 의미한다. 이는 꼭 수행을 해야 할 필요는 없다. 마음에서 마음으로 깨닫는 것, 이것이 바로 선종의 가르침이다.

둘째, 일상에서 명상 수행하기이다.

명상에는 사마타 명상과 위빠사나 명상이 있다. 명상을 의미하는 선을 통해 우리는 우리의 마음을 깨끗하게 할 수 있다. 그리고 집중력과 생각의 조절하는 힘도 높아진다. 우리는 명상을 통해 각종 번뇌에서 벗어날 수 있을 뿐만 아니라 더 나은 미래를 그려보는 일도 할 수 있다. 세계적으로 성공한 사람들은 명상하는 습관이 있다고 한다. 이미 성공한 사람들 사이에서 명상은 일상에서 빼놓지 않고 해야 할 그 무언가로 인식되고 있다는 뜻이다. 이는 붓다의 가르침을 성공한 사람들이 이미 잘 알고 실천하고 있다는 것이다.

셋째, 욕심 줄이기이다.

욕심은 줄일수록 행복해진다. 그래서 돈이 많은 부자일지라도 돈을 함부로 쓰지 않는다. 그들은 돈을 많이 써서 행복하지 않다는 것을 잘 알고 있다. 오히려 돈을 절약하고 아꼈을 때 행복한 것이다.

그렇다면 할리우드 스타들의 돈 씀씀이는 어떨까? 바바라 스트라이젠드는 150달러를 계산하면서 팁은 5달러밖에 주지 않았고, 샤론 스톤은 139달러를 쓰고 9달러의 팁을 주었다. 브리트니 스피어스는 아예 팁을 생략했으며, 발 킬머는 20달러밖에 주지 않았다. 머라이어 캐리는 10만 달러를 쓰면서 팁을 한 푼도 주지 않았다고 한다. 그들의 절약 정신은 절약 수준을 넘어 짠돌이, 짠순이라고 할 수 있다.

또 하나의 사례가 있다. 서양의 부자 58명에게 실수로 청구된 1달러 11센트를 환불해 준다고 했을 때 어떻게 반응했을까?

그들 중에는 우디 알렌, 캔디스 버겐, 레너드 번스타인, 톰 브로커, 마이클 더글라스, 미아 패로우, 더스틴 호프만, 키신저, 카쇼기, 도날드 트럼프, 뤄드 머독 등이 있었다. 놀랍게도 백만장자인 그들 중 26명이 성가신 서류작성을 마다하지 않고 은행에서 1달러 11센트를 인출해갔다고 한다.

돈을 쓰는 행복은 돈을 모으고 절약하는 행복에 비하면 별것 아니다. 그 사실을 알아차릴 때 당신도 부자의 길에 들어설 것이다. 앞의 부자들이 적은 돈도 마다하지 않고 그 돈을 아꼈던 것은 부자란 더 절약하는 자이며, 절약할 때 더 행복하다는 사실을 알았기 때문일 것이다.

돈은 목숨보다도 중요하다

돈에 관해서는 일본 선사 요시다 겐코가 다음과 같이 말했다.

"사람은 만사를 내던지고 돈을 벌기 위해 노력해야 한다. 가난한 삶은 의미가 없다."

어쩌면 충격적인 말이지만 이처럼 현실을 잘 바라본 선사도 없을 것이다. 그는 인생에 있어 돈의 중요성을 알았던 것이다. 공자 역시 가난한 삶을 추구하지 않았다. 그는 말했다.

"만약 부귀라는 것이 구해서 구할 수 있는 것이라면 나는 비천한 마부라도 할 것이다. 하지만 그렇지 않다면 내가 좋아하는 것을 하겠다."

공자는 부를 부정하지 않았고 오히려 그것을 추구하겠다고 말했다. 하지만 그것이 구할 수 없는 것이라면 자신의 삶을 긍정하고 살아가겠다는 다짐을 하였다. 공자는 나라를 다스리는 데 있어서도 경제, 즉 부가 중요하다고 말했다. 그는 백성들을 가장 먼저 잘살게 만들어야 한다고 주장했고 예와 문화를 가르치는 것은 그다음이라고 말했다.

붓다 역시 돈의 중요성을 알았다. 붓다는 부자가 되는 것을 부정적으로 바라보지 않았다. 열심히 노력해서 부자가 되거나 수행자가 되기를 권했다. 어쩌면 돈이란 먼 과거부터 우리에게 너무도 소중했던 것이라고 할 수 있다. 그렇게 보았을 때 최근의 경제적 자유 열풍을 이해할 수 있다. 돈이 있다면 자유롭다는 것은 과거부터 늘 있어왔던 일이라는 것이다. 그래서 우리는 돈을 열심히 모을 필요도 있고 한편으로는 그만큼 정신적 수행을 할 필요도 있다.

5
장

붓다, 드디어 깨닫다

붓다, 드디어 깨닫다

　석가모니가 참선을 하고 있을 때 마라가 찾아와 그의 수행을 방해했다. 마라는 자신의 세 딸인 타나(갈애), 아라티(불쾌), 라가(탐욕)을 시켜 유혹하게 했지만 실패했다.

　석가모니는 마라에게 이렇게 말했다.

　"그대의 첫 번째 군대는 욕망이고, 두 번째 군대는 혐오이고, 세 번째 군대는 배고픔과 목마름이며, 네 번째 군대는 오욕을 탐하는 마음이다. 다섯 번째 군대는 피로와 수면이요, 여섯 번째 군대는 공포심이며, 일곱 번째 군대는 의혹, 여덟 번째 군대는 위선과 이기심이다. 아홉 번째 군대는 부정한 수단으로 얻은 이익과 명예, 명성이고, 열 번째 군대는 허풍떨며 잘난 체하고 타인을 폄하하는 것이다. 하지만 나는 지혜로서 이것들을 궤멸시킬 수 있다."

　"나무치여, 이것들이 바로 너의 군대다. 검은 악마의 공격군이다. 용감한 사람이 아니면 너를 이길 수 없지만 용감한 사람은 너를 이겨서 즐거움을 얻는다."

"내가 항복할 것 같은가? 나에게 목숨은 전혀 중요하지 않다. 나는 굴욕적으로 사는 것보다 싸워서 죽는 편이 낫겠다."

"어떤 수행자나 바라문은 너의 군대에 패한다. 그리고 덕 있는 사람조차 길을 헤맨다."

"악마의 군대가 코끼리를 타고 사방에 포위하니 나는 맞서 싸우리라. 나를 물러나게 하지는 못하리라."

"신들도, 세상 사람들도 너의 군대를 꺾을 수 없지만 나는 지혜를 가지고 그것을 깨뜨린다. 마치 굽지 않은 흙단지를 돌로 깨뜨려 버리듯."

"자유롭게 생각하고 이 나라 저 나라를 두루 다닐 것이다. 여러 제자들과 함께 그들은 내 가르침을 실천하면서 게으르지 않게 노력하고 있다. 그들은 근심할 것이 없고 욕망이 없는 경지에 도달하리라."

악마는 말했다.

"나는 칠 년 동안 당신을 따라다녔다. 그러나 항상 조심하는 정각자에게 뛰어들 틈이 없었다.

까마귀가 기름을 발라 놓은 바위 둘레를 맴돌며 이곳에서 말랑말랑한 것을 얻을 수 없을까. 맛좋은 먹이가 없을까 하며 날아다니는 것과 마찬가지였다. 그곳에서 맛있는 것을 얻을 수 없었기 때문에 까마귀는 날아가 버렸다. 바위에 가까이 가본 그 까마귀처럼 우리는 지쳐서 고타마를 떠나간다. 근심에 잠긴 악마의 옆구리에서 비파가 뚝 떨어졌다. 그만 그 야차는 기운 없이 그 자리에서 사라지고 말았다."

석가모니는 마라를 항복시킨 뒤 선정에 들어갔다.

처음에는 초선정 상태에 들어가 세상의 욕망과 쾌락을 멀리하고 선하지 못한 일을 멀리하며 갖가지 현상에 대해 생각하고 관찰했다. 그러자 떠남으로써 얻은 기쁨과 즐거움이 있었다. 제 2선에 들어가서는 더 이상 생각하거나 관찰하지 않고 안으로부터 고요해지며 선정 자체에서 기쁨과 즐거움을 얻었다. 그다음 제 3선에 들어가자 기쁨과 즐거움이 멈추고 평정심과 기억, 지혜가 생겼다. 제 4선에 들어간 뒤에는 기쁨도 즐거움도 없고 평정심과 기억이 깨끗한 상태로 바뀌었다.

부처는 제 4선의 상태를 '마음이 안정되었으며 깨끗하고 순결하고 더러움이 없고 부드러우면서도 질기고 유연하며, 견고하고 흔들림이 없었다'라고 묘사했다. 부처가 된다는 것은 더 이상 번뇌에 시달리지 않고 생사의 윤회에서 벗어나 모든 것이 깨끗한 상태가 되는 것이다.

여기까지 부처의 깨달음을 자세히 살펴보았다. 부처의 깨달음은 철저히 정신적인 것이다. 그에게 나타난 마라는 현실에서의 악마라기보다 부처의 상상 속의 모습일 것이다. 상상 속의 유혹과 전투에서 그는 승리했고 그는 붓다로 거듭날 수 있었던 것이다.

다 X소리다

불경을 읽으며 처음에는 불경에 감탄했으나 다 X소리라는 것을 알았다. 오직 부처로 거듭나는 내가 있을 뿐 글자는 깨달음과는 상관이 없었다. 그래서 이런 말이 있는가 보다.

"부처를 만나면 부처를 죽이고 조사를 만나면 조사를 죽여라."

어떤 틀에 얽매이지 않을 때 진정한 깨달음을 얻을 수 있다는 말로 금강경의 상이 없음을 알 때 부처를 보게 될 것이라는 말과 일맥상통한 면이 있다.

사랑을 책으로 배울 수 있을까. 아닐 것이다. 사랑은 책으로 배울 수 없다. 사랑을 말하는 인류의 성인들을 책으로 배울 수 있을까? 아닐 것이다. 성경을 많이 읽으면 이웃사랑을 알 수 있을까? 아닐 것이다. 실제로 봉사 단체에 가서 급식 봉사를 한 번이라도 해보는 편이 더 배우는 점이 많을 것이다.

그리고 이웃 사랑을 해야 진정한 사랑이라는 것도 교설 같다. 사람이라면 누구나 자기 자신을 먼저 사랑해야 한다. 붓다 역시 자기 자신을 먼저 사랑해서 해탈을 이룰 수 있었다. 자기 자신이 먼저이고 타인은 나중인 것이다. 비행기에서도 긴급 상황일 때 자기 자신이 먼저 마스크를 착용하고 그다음에 아이의 마스크를 착용시키라고 권한다. 나부터 안전한 상태가 되어야 소중한 가족이나 친구를 지킬 수 있다. 내가 먼저 건강해야 하고, 물질적 정신적으로 안정을 이루어야 한다. 그럴 때 우리 주위에 있는 사람은 내 모습을 보며 같이 행복감을 느낄 것이다.

앞서도 말했지만 불교에 관한 책을 쓰면서 가장 많이 느낀 것은 자기 사랑이었다. 나에 대해 내가 사랑하지 못함을 알았고 나 자신을 더욱 아끼고 사랑해야겠다고 다짐했다. 이것은 이기주의가 아니다. 복잡한 현대 사회를 살아가는 사람에게 누구나 필요한 것이 자기 사랑이다. 우울증 환자와 자살자가 속출하는 대한민국을 구할 철학은 바로 불교의 자기 사랑이다.

매트릭스처럼 세상은 환영이다

불교적 가르침은 세상을 환영과도 같이 보는 것이다. 이는 영화 〈매트릭스〉의 세계와 같다. 매트릭스 세계는 허구인 환상인 것이다. 마찬가지로 불교적 입장에서는 우리가 사는 인생 자체를 꿈이라고 생각하는 것이다. 그렇다면 꿈속에서 꿈을 꾸는 것과 같은 우리들의 꿈을 버려야 하는 것일까. 이 문제에 대해서 많이 고민해 보았다. 불교적 세계관에서 모든 게 헛된 것이라면 우리가 꿈을 추구하는 것은 인생이란 꿈속에서 또 꿈을 꾸는 것과 같은 일이다. 그것에 의미는 있을까.

하지만 평범한 보통 사람들에게는 단지 꿈 한번 이뤄 보는 게 소원일 사람이 많을 것이다. 남들보다 높이 부자가 되고 싶고 명예와 권력을 얻는 등 대궐 같은 집에서 떵떵거리면서 살고 싶은 게 보통 사람의 꿈이 아닌가. 아니 최근에는 그저 집 한 채 갖고 노후 자금을 마련해 놓는 게 꿈인 사람도 많을 것이다. 그것보다 더 낮게는 안정적인 직장 얻어서 행복하게 직장생활하는 것이 꿈일 청년들도 많을 것이다. 그 소중한 꿈을 단지 불교와 맞지 않다고 해서 헛된 짓이라고 판정내리는 것은 너무 엘리트 불교적이다. 누구나 이루고 싶은 꿈이 있고 그것이 인생의 주된 목적이라면 그 꿈을 추구하면서 사는 것도 나쁘지 않다고 본다. 결국 꿈을 이루었을 때 그게 허망한 것인지도 알고 그것이 헛된 것인지도 알아 더 높은 불교적 깨침의 상태로 나아갈지 혹시 아는가.

사람으로 태어나 사람 노릇을 하는 것이 쉽지만은 않다. 자신의 꿈을 추구하는 것 역시 그렇다. 다 현실에 막혀 현실에 급급한 삶을 살아가는 것이 대부분의 삶이다. 그런 인생에서 불법을 만나 불교의 세계에 들어가는 것은 큰 축복이다. 하지만 현실의 자신을 이겨내고 꿈을 이룬 삶을 사는 것도 만족스러운 삶이다. 결국 윤회의 수레바퀴를 벗어나지 못한다 할지라도 더 나은 삶을 살게 됨으로써 불교적 세계관에서 한 걸음씩 진보하는 것이다. 단숨에 부처가 못되더라도 좋은 일이 아니겠는가.

하느님은 불교를 어떻게 생각할까?

만일 신이 존재한다면 불교를 믿는 우리를 어떻게 바라볼까. 여기서 신은 다양할 수 있겠으나 기독교적 신이라고 생각해보자. 인간이 그들만의 해탈 방법을 찾았다고 기뻐할까. 자신의 명령을 거역하고 성경에 쓰인 것처럼

"생육하고 번성하라."

라는 명령을 어기고 혼자서 살다 혼자 죽어가는 인간들이라고 미워할까.

애초에 기독교와 불교는 다른 길을 가고 있다. 기독교가 온 짐승을 다

스리라고 했던 것에 비해 불교는 모든 생물이 죽기를 싫어하고 고통받는다는 것을 알고 온 생명체를 사랑하라고 가르쳤다.

부처님은 세상의 신들조차 찬미했다는 기록이 있다. 그처럼 위대한 인격과 깨달음을 얻으신 분이다. 그를 숭배해 여러 탑들과 조각상들이 만들어졌으나 그것은 다 환영 같은 것이고 진리는 불법에 있는 법이다. 불교적 가르침은 그의 제자들에 의해 여러 가지 불경을 통해 전파되었다. 하지만 그 기록이 깔끔하지 않아 성경의 기록처럼 명확하거나 확고하지 않다. 천지창조부터 인류의 구원 그리고 그 이후의 세계까지 명확하게 기록되어 있는 성경에 비해 불경은 그 기록도 부실하고 그 여러 경전의 방대함 때문에 어떻게 불경을 읽어나가야 할지에 대해 방향을 잡아주는 사람도 드문 것이 사실이다. 반야심경, 금강경, 법화경 등 단편적인 불경들만이 붓다의 가르침만을 전하고 있을 뿐이다.

이 책을 쓰기 위해 필자도 여러 불경들을 읽어보았다. 처음 느낀 것은 불경이 너무도 방대하다는 것이다. 붓다는 45년간 설법을 한 인물이다. 얼마나 많은 말을 했고 얼마나 많은 대화가 오고 갔을 것인가. 이런 붓다의 가르침을 책 한 권으로 담는 것은 무리일 수도 있다. 하지만 중요하다고 하는 불경들을 읽어감으로써 부처의 가르침에 한 걸음 한 걸음 다가갈 수는 있었다. 붓다의 법은 하나의 정찬이 아니다. 이는 회전 초밥과 같다. 음식 하나하나가 다 색다르고 그 나름의 가치를 지니고 있다. 그렇기에 전체적인 불경을 전부 다 모르더라도 하나의 불경을 읽고 하나의 깨달음을 얻는다면 그 순간 그 사람은 붓다에 한 걸음 다가간 것이다. 혜능대사 역시 금강경의 일부만을 듣고 깨달음을 얻어 선종의 6대 조사가 되지 않았는가. 붓다의 수많은 경전 중에서 어느 하나의 경전을 읽었더라도 그 경전을 통해 깨달음을 얻는다면 그것으로 족한 것이다.

붓다, 자살자를 구하다

불법은 자살하려는 사람을 구할 수 있을까. 욕망에 빠진 사람, 그리고 헛된 욕망에 사로잡힌 자, 또는 미친 자, 살인범, 복수에 불탄 자, 가난한 자 등을 부처님은 구해주셨다. 그렇다면 자살하고 싶은 사람도 구할 수 있을까?

자살한다는 것은 살인과 마찬가지이다. 자기 자신을 죽이고 싶을 정도로 밉다는 것이다. 하지만 불교적 가르침의 원본은 어디인가. '천상천하 유아독존'이 아닌가. 자기 자신이 가장 존귀하다는 것이다. 이것은 단지 부처님 스스로에게 한 말이 아니다. 부처 스스로가 세상에서 가장 존귀하듯이 다른 일반 모든 사람들 역시 붓다의 자질을 갖추고 있기에 세상에서 가장 존귀하다는 뜻이다. 세상에서 가장 존귀한 사람이 자기 자신을 죽일 수는 없다. 자기 자신에 대한 감사를 가질 것이 분명하기 때문이다. 그런 면에서 붓다의 가르침은 자살하려는 자도 구할 수 있다고 보인다.

많은 자살자들을 구할 수 있는 게 불법의 가르침이다. 그럼에도 불구하고 불법이 일상 속에 퍼지지 않아 많은 사람들이 자살로 삶을 마친다는 것은 한국 사회 그리고 넓게 봐서는 세계 속의 많은 사람들의 불행한 운명이 아닐 수 없다.

알다시피 우리나라의 자살률은 세계 1위이다. 10대, 20대의 자살률도 높고 노인층의 자살률도 1위이다. 10대, 20대의 경우, 학업과 인간관계에서 노인층에서는 경제력 부족으로 인해 자살을 많이 하는 편이다. 이런 자살자를 막기 위해서는 사회적 안전망을 구축하고 그들과 적극적으로 교류하는 창구를 마련해야 한다. 또한 불교 측에서도 힘써야 한다. 붓다는 인간뿐 아니라 모든 생물의 생명을 존귀하게 생각했던 분이다. 이런 가르침을 전하고 있는 불교가 자살자들을 위해 힘을 쓰지 않으면 도대체 어떤 종교와 철학을 가진 사람이 이들을 구원해야 하는가. 이는 불교인들에게 가장 시급한 과제가 아닌가 싶다. 개인의 깨달음만을 추구하는 것에서 벗어나 모든 중생을 구원하겠다는 발의를 하고 죽고 싶은 사람들을 구원해 주는 것 그것이 바로 불자들의 의무이다.

성장은 계단식으로 나타난다

불교를 접하고 나서 바로 변화가 있으면 좋겠지만 그렇지 않은 경우도 많다. 불교는 하나의 철학이다. 불교를 습득한다는 것은 내면의 철학을 불교적으로 바꾼다는 의미이다. 빠르게 변할 수 있으면 좋겠지만 변하는 데는 시간이 걸리는 법이다. 우리가 좋다고 하는 독서도 많은 시간을 해야 변화가 일어난다. 우리가 살을 빼려고 운동을 해도 당장 하루 만에 몸의 살이 빠진다거나 근육이 많이 붙지는 않는다. 무슨 일을 하든 시간은 필요한 것이다. 인생을 바꾸는 종교적 깨달음을 얻고자 하는데 그것이 쉽게 이루어질 것이라고 기대하는 것은 무리이다. 시간이 걸리고 노력도 많이 든다는 것을 알아야 한다. 불교적 가르침을 머리로 이해했더라도 그것을 삶의 철학으로 전환해 적용하는 데는 시간이 걸릴 수 있다. 아니 불교뿐만 아니라 모든 종교가 그럴 것이다. 종교적 깨달음은 일상생활에서 적용할 수 있는 습관이 되어 삶에 적용되었을 때 비로소 진정한 힘이 된다. 그런 면에서 특정 종교에 빠진다 하더라도 그리 걱정할 것은 없다. 종교적 힘이 나타나려면 꽤 많은 시간이 소요될 것이 분명하기 때문이다. 필자는 대학 시절 성경을 필사한 적이 있다. 많은 시간이 걸렸지만 그 효과는 지금에도 천천히 나타나고 있다. 그때 읽은 성경 구절들이 일상 속에서 종종 생각나 생활의 지침이 되어주곤 한다. 불경 역시 마찬가지였다. 대학 시절 읽었던 불경이 평생의 삶에서 지켜야 할 법도가 되어

나의 삶을 좀 더 나은 방향으로 이끌어주었다.

부처님, 감사합니다

인생에서 부처님을 만나고 부처님의 가르침을 만날 수 있는 것은 진정한 행운이다. 지금은 유튜브와 같은 SNS플랫폼의 발달로 수많은 사람들이 서로 연결되어 자신의 영상이나 생각을 주고받을 수 있다. 하지만 그 당시만 해도 특정 지역의 일부 사람들에게만 불법이 전해졌을 것이다. 그 당시 500명 정도는 굉장한 무리였지만 지금의 유튜브를 보면 10만 구독자들이 흔하다. 그 당시에 비하면 지금이 얼마나 사람들 간에 영향력을 주고받을 수 있기 편해졌는지를 알 수 있다.

나는 붓다의 생애에 관한 글을 많이 읽었고 그것에서 깨달음을 얻었다. 하지만 이 책을 쓰면서 느낀 점은 더 배워야 한다는 것이었다. 나는 지식이 부족함을 느꼈고 불법의 진정한 이해를 위해서는 더 많은 자료를 읽고 생각하고 깨침을 얻어야겠다고 생각했다. 그래서 학교가 끝나고 나면 도서관에 처박혀 불교 관련 서적이 있는 책꽂이 밑에 앉아서 불교 서적을 한 권씩 읽었다. 그렇게 한 권씩 읽어가면서 나는 점차 알아가기 시작했다. 불교가 무엇인지, 어디서부터 시작해서 어떻게 흘러갔는지, 그리고 불교의 역사, 그리고 불교 용어, 개념, 경전까지 하나씩 알아갔다.

그리고 나는 특히 달라이 라마에게 감사했다. 인류에 그 같은 존재가 있음에 감사했고, 그런 존재들 때문에 지금의 평화와 행복이 지켜지고 있음을 알았다. 그들 때문에 욕심을 내지 않고 살 수 있고, 죽음에 대한 공포심도 줄일 수 있었다. 한 깨어있는 인간의 존재라는 것이 나머지 인간에게 얼마나 큰 지지가 되는지도 알게 되었다. 달라이 라마가 존재함은 원래의 석가모니 부처님 덕분이고 그래서 나는 부처님께 감사함을 느끼지 않을 수 없었다.

나는 분명 우주의 창조주가 있다고 믿는다. 그리고 우주의 창조주께 감사하다. 그리고 인간 사용 방법을 알려준 붓다에게도 감사하다. 붓다는 평화롭게 한평생을 사는 법을 가르쳐 주었다. 내가 붓다의 길을 따르거나 안 따르거나 하는 것은 오직 나의 선택이다. 붓다는 길을 가르쳐주었지 내 손을 붙잡고 이끌지는 않았다.

정말 나는 창조주와 붓다에게 감사하고 또 감사했다. 그들이 우주를 창조하고 지구에 와서 인간에게 설법한 덕분에 나는 길을 알고 그 길을 걸어갈 수 있었다. 그들이 없었더라면 난 스스로 길을 찾아야 했을 것이고 그것은 불가능에 가까울 정도로 힘들었을 것이다.

인생에서 길을 스스로 찾으려는 사람이 있다. 나는 이들을 어리석다고 본다. 인류는 이천 년 이상의 문명사회를 살아왔다. 이미 알려질 것은 다 알려졌다. 하늘에 새로운 것 없듯이 세상에도 새로운 길은 없다. 기존의 스승을 잘 찾아 그들이 걸어간 길을 묵묵히 걸어라. 중요한 것은 길을 찾는 것이 아니라 그 길을 걸어가는 실천이기 때문이다.

나는 용감하게 붓다의 길을 걸어가려고 한다. 정진하는 자는 반드시 이룰 것이라고 붓다는 말했다. 나는 그 붓다의 말을 믿는다.

붓다 말하길 "너 자신을 사랑해라."

나는 책을 즐겨 읽는다. 그중에서는 자기계발서도 많다. 수많은 자기계발서에서 자신을 사랑하라고 말한다. 그래서 나는 내가 나를 사랑하는 줄 알았다. 하지만 붓다의 가르침을 얻고 나서야 나는 나 자신을 사랑할 수 있었다. 붓다는 진정한 자기애가 무엇인지 아는 인물이었다. 그것은 단지 의존이나 위로, 희생의 기반 위에 쌓여진 인생이 아니었다. 건전한 자부심, 자긍심, 자신감 등이 혼합되어 있는 흔들림 없는 바위 같은 것이었다.

나 자신을 사랑했다는 것은 더 이상 자책을 하거나 자기 학대를 하지 않는다는 점이었다. 나는 공부를 하면서 자신을 학대하면서 공부를 했다. 그 같은 방법은 내 몸과 마음에 많은 상처를 내었다. 하지만 이제는 더 이상 자신을 괴롭히거나 학대하지 않는다. 억지로 무엇인가를 이루려고도 하지도 않는다. 물론 직장인으로서의 역할을 감당해야겠지만 자신을 자책하며 일하지 않는다. 내가 할 수 있는 최선을 다하고 나머지는 그저 흐름에 맡기려고 한다.

이 같은 방식은 모두 나의 자기 사랑 방법이다. 나를 모르는 누군가가 나를 비판할 수도 있다. 하지만 더 이상 그것에 신경 쓰지 않으려고 한다. 내가 나 자신의 인생을 사랑하면 그만이기 때문이다. 그렇게 나는 나 자신을 사랑하게 되었다. 나 자신을 사랑한다는 것은 나 자신을 그대로 방치하는 것이 아니다. 나는 나 자신을 사랑하기에 운동과 공부를 열심히 하고 있고, 퇴근 후에도 침대에서 일어나 도서관과 카페에 가서 독서와 글쓰기를 하였다. 이 글을 쓰고 있는 와중에도 나는 다음 책을 구상하고 있다. 이 책이 잘 마무리되듯이 다음 원고도 책으로 나오기를 기대하고 있다. 나 자신을 사랑하기에 먹는 것도 조절하고 있으며 타인과의 관계도 좋게 만들려고 노력하고 있다. 어쩌면 자기계발의 정도는 자신을 얼마나 사랑하느냐에 달려있는 것이 아닌가 싶다. 자신을 사랑하기에 남도 사랑할 수 있는 것이다. 이 말은 책에서 여러 번 들었지만 직접 체험하면서 그 말이 진리라는 것을 깨달았다.

붓다의 가르침을 배운다는 것은 단순히 명상하고 마음을 비우는 것만은 아닐 것이다. 일상생활에서 최고의 나를 만들기 위해 노력한다면 그것은 불교적 가르침을 받아 자신을 계발하는 옳은 방향이라고 믿는다. 부처님이 늘 말했듯이 정진하라는 것은 불교적 가르침을 수행하는 것일 수도 있지만 도심 속 현실 속에 사는 사람들에게는 자신의 일이나 자신의 실력을 최고로 쌓는 수행을 하라는 메시지로도 읽을 수 있다.

교사도 붓다가 될 수 있을까?

나는 교사다. 명목상으로는 교육 공무원인데 직장의 임금 수준은 대기업과 중소기업 사이 중간쯤에 해당한다고 보면 될 것 같다. 10여 년을 하면서 느낀 점은 직장생활이라는 것은 정말 고문을 당하는 것과 같다는 것이다. 어느 날 하루아침은 너무도 심한 고통을 느꼈다. 물론 아이들을 지도하면서 즐거울 때도 있다. 하지만 대부분의 시간이 고통이고 학교가 돌아가는 것은 순전히 교사들의 고통 위에 쌓인 성과와도 같다.

그런데 붓다의 가르침은 이 모든 것을 버리자는 것이니 언뜻 들으면 이보다 더 좋은 가르침은 없는 것 같다. 하지만 진정으로 그럴까. 모든 것을 버리는 것은 돈을 버린다는 뜻인데 돈 없이 살아가려면 얼마나 고통스럽고 치사할 것인가. 직장인을 하던 사람이라면 예전에는 돈을 쓰면서 직장 밖에서는 왕처럼 살아갔는데 이제 완전히 노예만도 못한 신세가 되어 버리는 것이다.

　절에 들어가서 같은 도반끼리 모여 수행하며 살아가는 것은 어떨까. 굶어 죽을 위험도 없고 편히 수행만 하면 되니 좋을 것 같다. 하지만 세속에서 출세하고 싶고, 성공하고 싶고, 다른 사람과 술 한잔하면서 교류하고 싶은 욕망은 어떻게 할 것인가. 기름진 고기반찬은 어떻게 하고 늘 채식만 할 것인가. 문제는 수행하는 과정이 결코 쉽지 않다는 것이다. 여러 스님들의 이야기를 들어보면 절에 들어가는 것은 단순히 마음 편하게 수행만 하는 것이 아니라 많은 역할을 맡아야 한다고 한다. 이런 어려운 점이 있기에 현실적으로 스님이 된다는 것은 쉽지 않을 것이고, 절에 들어가는 것도 절대 쉬운 결정이 아니다. 하지만 희망적인 것은 그 길이 있다는 것이고 그 길로 들어가면 편안해져 삶을 아름답게 마무리할 수도 있다는 것이다.

　어쩌면 절에 가는 것은 다시 태어나는 것일지도 모른다. 과거의 나 자신을 죽이고, 새로운 수행자로서의 삶을 통해 공덕을 쌓고 이후의 삶을 기대하는 것이다. 나도 때론 모든 것을 버리고 산으로 들어가고 싶은 충동이 들곤 한다. 〈나는 자연인이다〉라는 티비 프로그램은 자연 속에서 편히 살아가는 사람들의 이야기를 다루고 있다. 그들은 자연 속에서 고통이나 욕심 없이 행복하게 살아간다. 영상 속의 사람들이 편하고 행복해 보여서 즐겨 시청하였다. 우리가 비록 속세에서 고통당하나 산속에서 살고 싶다는 미래의 꿈이 있다면 현실에 지치지 않을 것 같다. 또한 끝까지 싸워 세상을 이긴 후에 편히 산속으로 들어가 살 수 있을 것이다.

붓다는 성공을 가르치는가?

많은 이들이 종교적 깨달음을 넘어 인생에서의 성공을 원할 것이다. 그 성공이란 도대체 무엇일까. 나는 그 가장 본질적인 것으로 자기 분야에서 인정받음을 성공이라고 본다. 아마 그것은 사회적 성공일 것이다. 내가 사회적 성공에 치우친 것은 사실이다. 사실 나는 아직 가정을 이루지 못했다. 그렇기에 내가 관계할 수 있는 것은 가정적인 무언가가 아니라 사회적인 관계였고 사회적 관계에 집중했던 것이다. 내가 나중에 가정을 차리고 가정적인 관계를 갖게 된다면 가정적인 관계도 중시해서 가정과 사회의 중간 영역을 잘 지키고 유지할 것이다.

아무리 사회적으로 성공했더라도 가정적으로 불행하다면 성공이라고 할 수 없고, 가정생활은 평화로우나 사회적으로 그 성과가 미비하다면 그것 또한 성공이라고 볼 수 없다. 일반적으로 가족, 친구, 직장 동료들과 다 잘 지낸다면 그것은 또 하나의 성공이라고 볼 수 있지 않을까 싶다. 결국 인생이란 우리 주위 사람들과의 관계이고 그 관계가 행복할 때 진정 행복감을 느낄 수 있는 것이 인간이란 존재이기 때문이다.

붓다의 가르침은 사람들에게 겸손을 가르친다. 자신을 낮추고 타인을 존중하라는 메시지가 담겨있다. 붓다는 늘 말했다.

"밥을 빌어먹는 자가 오만하다는 것은 말이 되지 않는다."

누구보다도 하심을 가진 붓다였기에 사람들의 존경과 칭송을 받았고 상대가 악하게 군다고 해도 그에 복수하려고 하지 않았다. 이처럼 붓다가 사람을 대하는 자세를 배운다면 누구와도 다투는 일 없이 사람들 간의 관계가 좋아져 행복해지는 지름길이 될 것이다.

여자와 미천한 자에게 가르친 불법

붓다는 초기에 남자들만 제자로 받아들였다. 여자가 남자와 대등한 존재로 인정받는 것은 서양의 경우에도 20세기 들어와서야 생긴 일이다. 과거의 여자는 남자와 같은 존재로 인정받지 못했다. 그런 상황에서도 붓다는 여자들에게도 해탈의 길을 열어 주었다. 얼마나 붓다가 포용성 있는 존재이고 개방된 가르침을 폈는지 알게 하는 일이다.

불교는 또한 계급에 상관없이 제자들을 받아들였다. 그때만 해도 아주 강한 구별을 지닌 사회적 지위가 있었다. 그럼에도 불구하고 그 어떤 계급에 있더라도 불법 앞에서는 평등하게 비구나, 비구니가 되는 것으로 가르침을 폈다. 높은 계급이라고 해서 대접받지도 않았고, 비천한 계급이 천하다고 들어오지 못하게 막은 것도 아니었다. 붓다의 놀라운 점은 그때 인도의 불가촉천민에게도 불법을 가르쳤다는 것이다. 불가촉천민은 다른 나라로 치자면 노예나 종보다도 못한 존재였다. 하지만 붓다는 그들의 본성 역시 똑같이 부처라고 여겼고 이들에게도 가르침을 폈다.

이런 붓다의 가르침은 오늘날 사회 속에서 사는 많은 사람들에게 희망을 주고 있다. 아직까지 직장을 구하지 못하고 방황하고 있는가? 혹은 직장생활의 고달픔 속에서 가정을 위해 하루하루 버텨 가고 있는가? 붓다가 사랑하는 사람은 바로 이런 사람들이다. 이런 사람들에게 붓다는 불교의 원리를 가르쳤으며, 붓다의 지혜를 통해 고통에서 벗어나기를 바랐다.

당신이 사회 속에서 좋지 않은 여건에 처했다면 불교의 지혜에 의지하라. 고통에서 벗어나는 길은 바로 불법 안에 있기 때문이다.

맑고 깨끗한 붓다의 가르침

종교인들이 오히려 욕을 먹고 있는 상황 속에서도 붓다의 가르침은 맑고 깨끗하다는 느낌을 준다. 그도 그렇듯이 석가모니는 사람들의 마음을 밝게 하고 맑게 할 수 있는 가르침을 전했지 이득을 취하는 방법을 가르치지는 않았기 때문이다. 대승불교로 발전하면서 복과 기원을 구하는 움직임도 있었으나 원래의 붓다의 가르침은 청정한 깨달음을 얻는 것이다. 현대의 여러 강사들은 단 한 푼이라도 더 벌기 위한 가르침을 전하고 있다. 그에 반해 붓다의 가르침은 공덕을 쌓고 미래의 나 자신에게 복을 짓는 일을 하게 한다. 이는 인류와 전 우주를 향한 깨달음의 정신을 공유하고 있다.

종교를 비교하자면 그렇지만 기독교에 미쳐서 설교하는 사람은 많은 반면에 불교적 가르침을 외치고 다니는 사람은 적다. 거리나 역 근처에서 우리는 종종 하나님의 사랑(?)을 전하는 사람들을 만날 수 있다. 이는 기독교가 열정적이고 정열적이어서 그런 게 아니라, 그 가르침의 방향을 잘못 받아들였기 때문이다. 애초에 자신의 욕심을 줄이고 깨달음을 추구하는 불교적 가르침을 받은 사람이 타인에게 자신의 종교관을 강요하는 일은 있을 수 없다.

그래서 기독교를 믿는 서양에는 전쟁이 많았던 반면에 불교적 믿음을 가진 나라가 남을 침략한 적은 적다. 이는 불교가 지극히 평화적인 공동

체이며, 그 방향이 평화와 행복을 위한 가르침이라는 것을 알 수 있다. 애초에 붓다는 남들의 공격에도 묵묵히 참으라고 가르쳤지 보복하라고 가르치지 않았다. 남들의 부당한 공격에도 참고 견디는 인욕의 정신이야 말로 불법을 배운 자들의 행위에서 나타나야 할 가장 큰 행위라고 보았던 것이다. 그래서 사리불이나 목건련 같은 붓다의 제자들은 일반 평민들의 부당한 공격에도 묵묵히 참는 붓다의 가르침을 따랐다.

종교는 고달픈 민중을 위로한다

인류 역사상 전 인류가 행복했던 시절은 거의 없다. 상류층은 상류층 나름의 고민이 있었고, 대다수인 민중들은 굶주림과 전쟁 등으로 고생만 하다가 죽는 경우가 대부분이었다. 이를 위로하기 위해 만들어진 게 종교이다. 물론 붓다가 지구에 온 것은 불쌍한 인간들을 구제하기 위해서이다. 하지만 그는 종교단체를 만들지 않았다. 그 스스로 가르침을 펴서 사람들의 불행을 극복하도록 도왔을 뿐이다. 불교적 가르침이 주는 한 가지 장점은 왕에게나 종에게나 모두 똑같은 희망을 준다는 것이다. 왕에게는 생사의 윤회를 끊는 가르침을 주었다. 한편 불쌍한 중생들에게는 지금의 고통은 영원한 것이 아니며 보시하고 공덕을 지음으로써 미래에 신의 나라에서 태어나거나 생사의 윤회를 끊을 수 있다는 희망을 주었다.

여기서는 불경의 어려운 개념도 설명했다. 하지만 사실 민중들을 위한 불교는 남을 위해 자신의 것을 내어놓는 보시와 남의 고통을 덜어줄 수 있는 자세를 배우게 하는 것이 중요하다. 그런 면에서 필자는 여러 책을 썼으나 그것으로 사람들에게 희망을 주었는지 의문스럽다. 또 교사로 많은 아이들을 가르쳤으나 그들을 바르게 인도했는지가 부끄럽게 느껴졌다.

나는 신이 있다고 믿지만 신이 있든지 없든지 간에 인간으로 지켜야 할 가치가 있다고 생각한다. 그것이 오늘날의 사람들이 가장 손꼽는 가치인 돈일 수도 있겠다. 하지만 돈 이외에도 많은 가치들이 인생에는 존재한다고 믿는다. 그리고 그 소중한 가치들을 지켜가면서 사는 것이 인생이다. 그리고 종교야말로 이런 소중한 가치들을 가장 잘 가르칠 수 있는 좋은 방법이다. 그런데도 종교를 돈을 구하기 위한 수단으로 사용한다는 것은 종교적 믿음을 자기 욕망으로 치환하는 잘못된 믿음 중의 하나이다. 돈은 이 세상에서 가장 중요할 수도 있겠지만 종교란 것은 근본적으로 사람 사이의 관계, 즉 사랑하는 것을 가르친다. 어떤 종교도 사랑을 떠나서 존재할 수 없다는 것, 그것이 바로 종교가 가지는 본질적인 가치일 것이다.

불법에 미치지 못하는 교육계의 현실

나는 교사로 10여 년을 근무했다. 교사로서의 시간이 참 빠르게도 흘러갔다. 엊그제 초임교사로 학교에 발을 들인 것 같은데 어느새 십 년의 세월이 흘렀다. 그리고 가르침에 대해서도 많이 생각해보았다. 이런 교사가 불교적 가르침에 대해서 생각해본다면 어떤 생각을 가지게 될까.

붓다는 교사가 아니었다. 하지만 그는 한 사람의 스승이었고 직접 설법을 하거나 대화나 문답을 통해 자신의 가르침을 폈다.

전자 칠판과 컴퓨터, 티비, 태블릿, 노트북 등 디지털 기기 등을 이용해 수업을 하는 교사는 무엇 때문에 과거의 붓다보다 못한 가르침을 펴고 있는 것일까. 단지 설법과 문답만을 주고받던 붓다의 가르침은 왜 2천 년이라는 시간의 흐름을 뚫고 지금까지도 전해지는 걸까.

나는 그 이유를 스스로 깨쳤는가에서 찾는다. 스스로 깨친 사람은 남을 일으키거나 제도할 수 있다. 하지만 스스로 깨치지 못한 사람은 자기 스스로도 진리를 모르기에 남을 일으키거나 제도할 수 없는 것이다.

나는 30대였고 교사였기에 10대의 아이들에게 조금 도움을 주었을지는 모르지만, 스스로 깨치지 못한 상태였기에 그들에게 확고부동한 진리의 가르침을 전하지 못했다. 사실 교육과정을 가르치는 것이 진리의 가르침은 아니다. 교육부는 오히려 교사들이 묵묵히 교육과정만을 알아서 잘 수행하기를 바란다. 진리를 깨친 교사라면 학교라는 조직을 벗어나 붓다처럼 세상을 돌아다니며 스스로의 불법을 펼칠 것이다.

그런 점에서 교사들은 한발 더 나아가야 한다. 교육과정을 넘어서 인간으로서 살아야 할 가치와 신념들을 전수해 주어야 하는 게 교사의 역할일 것이다. 불교적 가르침이 교사의 그런 행위를 도울 수 있다면 불교적 가르침을 배워 교육에 적용해야 한다. 불교적 가르침은 그 자체로 충분히 교육적 가치를 가지고 있으며 많은 사람들에게 도움을 줄 것을 확신한다.

트럼프도 번뇌를 피해갈 수 없다

왜 사람들은 번뇌하는 것일까. 그것은 우리의 욕망 때문이다. 사람들의 욕망은 지극히 다양하고 다채롭기에 그 욕망을 따라가다 보면 번뇌하기 쉽다. 또한 욕망을 이루기도 보통 어려운 게 아니다. 몇만 원의 돈이면 쉽게 이룰 수 있는 욕망도 있다. 그에 반해 엄청난 돈으로도 쉽사리 얻지 못하는 게 있는 게 인간의 삶이다. 인간의 욕망은 부자가 될수록 커지는 경향이 있다. 가난한 사람 중에는 단 몇 푼에 행복해 하는 사람이 있을 수 있다. 반면에 부자 중에는 넘치는 돈으로도 불행해하고 돈으로 쉽게 가질 수 없는 권력이나 명예를 좇는 사람이 있기도 하다.

부와 권력을 한 손에 넣은 사람이 누가 있을까. 현대적 인물로는 트럼프가 부와 권력을 한 손에 넣은 것 같다. 그는 부동산 투자로 엄청난 재산을 모았고 미국 대통령으로 당선되기도 했다. 그런데 트럼프에게는 아무런 정신적 고뇌가 없었을까. 오히려 너무도 많은 것을 얻었기에 그만큼 정신적 고뇌도 컸을 것이다. 사람은 황금비가 하늘에서 쏟아지더라도 만족을 모르는 존재이다. 엄청난 부자였던 트럼프이지만 더 큰 부를 원했고, 권력의 정점에 올랐지만 그 권력을 계속 이어가지 못해 괴로워했다. 이처럼 사람의 욕심은 끝이 없기에 만족하고 감사하며 사는 것이 필요하다. 그 길은 꼭 산에 들어갈 필요도 없다. 여러분이 살고 있는 동네에서 그저 마음을 비우고 살아가면 되는 것이다. 그 길은 그렇게 어렵지 않다. 부처님의 지혜와 함께라면 자신의 마음을 가다듬는 일이란 크게 어렵지 않을 것이다.

인간의 애욕이란 건 끈질긴 것이다

붓다처럼 깨달았다고 좋아하던 시절은 내게 있었다. 도서관에서 불교 관련 책을 읽으면서 나도 깨달았다고 소리쳤다. 진정 깨달은 줄 알았다.

하지만 나에게는 끈질긴 번뇌가 있었으니 그것은 애욕에 대한 갈망이었다. 흔히 사랑이라고 표현하는 이성에 대한 이 갈망은 끈질기게 살아남아 내 가슴속에 있었다. 이를 끊지 못하면 난 깨달을 수 없음이 분명했다. 오히려 나는 이렇게 생각했다. 나의 마음은 잘못된 것은 없는데 오히려 이 애욕을 채우면 깨달을 수 있지 않을까. 하지만 그것은 나의 억측에 불과했다. 붓다는 여러 책과 설법을 통해 분명히 애욕의 사슬을 끊으라고 명령했다.

불경에서는 이성에 대한 그리움을 아기 소가 어미젖을 그리워하는 것과 마찬가지라고 하였다. 인간으로서 진정 이성에 대한 그리움을 끊는 것은 불가능할까. 하지만 붓다는 역사상 기록으로 분명히 이성에 대한 갈망을 잠재운 사람이며 이를 통해서 해탈이 이루어졌다는 것을 알 수 있다. 사실 인간은 극한의 상황 속에서는 이성에 대한 사랑을 느낄 겨를이 없다. 나치 수용소의 사람들은 생존을 위한 극한의 상황이 펼쳐졌는데 그 속에서 사랑이나 성욕을 느끼는 사람은 없었다고 한다. 인간은 성 이전에 동물적인 생존을 원하는 존재라는 것이다.

나치 수용소는 극단적인 상황이기에 사람들은 생존만을 원했을 것이다. 하지만 도심 속에 사는 수많은 사람들은 사랑하고 사랑받고 싶어 한다. 단순히 정신적으로만 원하는 것이 아니다. 육체적으로도 사랑하고 사랑받고 싶어 한다. 사람들은 사랑을 나누는 것이 좋다고 여긴다. 하지만 붓다는 왜 그것을 하지 말라고 하였을까. 그것은 육체적 접촉이 애욕을 불러일으키고 집착을 가져오기 때문이다. 또한 마음의 평화도 깬다. 사랑하는 사람을 가지지 말라는 불교의 경전도 있다. 사랑하는 사람을 가지면 못 봐서 괴롭고 미워하는 사람이 있으면 보아서 괴롭다는 것이다. 애초에 붓다는 교태를 부리는 여성의 유혹에서 벗어났다. 그저 똥오줌이 담겨있는 주머니라고 여겼던 것이다. 남녀를 바꾸어도 마찬가지이다. 이성에 대한 집착은 분명 괴로움을 가져오는 것은 사실이다. 괴로움에서 벗어나고 싶다면 애착의 유혹에서 벗어나, 깨끗하고 청정한 삶을 살아야 할 것이다.

인생은 불타는 집이다

불교에서는 우리 인생을 불타는 집에 비유한다. 불타는 집에서는 얼른 빠져나와야 하듯이 우리의 인생도 불타는 집으로 바라보고 빨리 빠져나와야 한다. 그리고 깨달음의 길을 가야만 한다.

하지만 대부분의 사람은 집이 불타는 것을 모르고 불타는 집이 영원한 줄 알고 살아간다. 불법을 만나지 못했기 때문이다. 불타는 집은 결코 안락의 대상이 될 수 없다. 하루빨리 깨달아 집에서 빠져나와야 한다.

아이들은 모래성을 짓다가도 시간이 되면 다 버리고 집으로 돌아간다. 우리 인생도 무언가를 하겠지만 때가 되면 다 버리고 원래 왔던 우주로 되돌아가야 한다. 그렇기에 무언가가 영원한 줄 알고 움켜쥐는 것은 어리석은 행위라고 말할 수 있겠다.

우리의 삶은 영원한 것이 아니기에 집착해서는 안 된다. 현재에 집착하는 사람은 괴로움을 겪게 될 것이다. 그래서 붓다는 현재의 상을 상아님으로 바라보라고 권했던 것이다. 세상 어느 것도 영원한 것은 없다. 모든 것은 변하기 마련이다. 변화만이 진리라는 것을 깨닫는다면 세상에 대한 집착을 놓을 수 있을 것이다.

어릴 때 고인돌 유적지에 방문한 적이 있다. 아마 족장들이 자신의 위세를 과시하기 위해 고인돌을 만들어 놓았을 것이다. 하지만 지금 그들은 어디 있는가. 단지 바위만 남기고 그들은 모두 사라지지 않았는가. 앞으로 역사가 계속되고 과거의 왕이나 큰 인물들도 잊힐 날이 올 것이다. 앞으로 인류가 영원할 것이라는 보장도 없다. 공룡처럼 뼈만 남기고 이 지구상에서 사라질 수도 있는 것이다. 그런 점에서 불교의 가르침은 직접적이고 현실적이다. 그대 자신이 영원할 것이라는 생각을 하지 말고 하루빨리 불법에 귀의하라는 것이다. 영원한 것은 없다. 모두 사라질 뿐이다. 그래서 불법에 하루빨리 귀의하라고 부처님은 권했던 것이다.

부처님을 따라잡기는 힘들다

부처님은 마라의 유혹을 이겼지만 나는 이기지 못했다. 나도 부처님처럼 명상을 해보았다. 명상의 깊은 단계에도 빠지기 전에 나는 내 마음속 마라의 유혹을 받았다. 마라는 나에게 돈과 여자, 권력을 주겠다고 했다. 나는 그 욕망에 바로 굴복하고 말았다. 나는 돈, 여자, 권력, 지위, 명예가 좋다. 나도 어지간한 속물인가 보다. 한때 붓다가 되었다고 착각했으나 나의 본마음을 알고 부끄러웠고 붓다가 대단해 보였다.

어느 수준이 되어야 붓다처럼 이것들을 다 극복할 수 있을까. 아마 평생 마음을 닦는다고 해도 그 수준에는 도달하지 못할지도 모른다. 나는 세상과 영합하여 사는 법을 터득했는지도 모른다. 나는 세상을 떠나서 도저히 살 수 없다. 한 가지 희망은 붓다 역시 도시 근처에서 살았다는 것이다. 붓다도 세상 사람들 없이 살아갈 수 없었다. 그들의 보시를 받고 살았기 때문이다. 그런 면에서 속물이라고 할 수 있는 세상 사람들과 청정하다고 생각되는 붓다는 공생관계이다. 어느 한 사람 없이 두 사람은 서로 살아갈 수 없다. 세속 사람들은 붓다를 통해 보시하며 공덕을 쌓고, 수행자는 수행을 대신하고 음식을 받아먹어 수행한다. 이처럼 세상은 연결되어 있다는 진리를 안다면 누구는 속물이고 누구는 성자라는 관념 자체가 사라지게 될 것이다.

일상에서 감사를 느껴라

나는 일상에서 감사를 느끼는 것만큼 좋은 수행은 없다고 여긴다. 감사의 법칙은 여러 책에서 그리고 『시크릿』과 같은 자기계발서에도 나오는 단골 주제이다. 단골 주제인 만큼 그 값어치가 크다. 일상에 감사를 느끼면 자연스럽게 주위 사람들의 고마움을 알고, 그들과 마음이 조화를 이루어서 일하거나 생활하게 된다. 그러면 자연히 생활은 즐거워지고 행복이 찾아오게 되는 것이다. 단지 시작은 자신이어야 한다는 것을 명심하라. 바로 내일부터 조금 일찍 일어나 차를 마시거나 운동을 하거나 책을 읽으면서 나만의 시간을 갖고 30분 일찍 출근해 봄은 어떨까. 일찍 하루를 시작했다는 성취감과 승리감에 하루의 시작이 즐겁고 행복감을 느끼게 될 것이다.

이는 붓다에게 배운 것은 아니다. 하지만 붓다라면 직장인에게 나와 같은 말을 했을 것이다. 붓다는 부지런히 정진하라는 말을 남기고 열반에 들어갔다. 직장인에게 부지런하게 정진하라는 것은 열심히 일하라는 말과 마찬가지이다.

그리고 일상에서 감사하는 것은 사실상 모든 종교가 가르치는 것이라고 볼 수 있다. 불교 역시 일상의 삶에 감사하라고 말한다. 불교에서는 만족의 최고의 재산이라는 말이 있다. 자신의 재산에 만족하고 감사할 때 진정으로 운이 잘 풀리는 상황을 맞이하게 될 것이다.

부처님 눈에는 부처님만 보인다.

돼지 눈에는 돼지만 보이고 부처님 눈에는 부처님만 보인다는 말이 있다. 결국 상대를 바라보는 것은 거울과 같아서 자기 눈에는 자신의 수준에 불과한 것만이 보인다는 말이다. 이 이야기는 무학대사와 이성계와의 대화에서 나왔다.

조선의 태조 이성계는 무학대사와 친하게 지냈다. 어느 날 이성계는 무학대사를 찾아갔다. 대화를 나누는 와중에 이성계는 무학대사의 얼굴이 못생긴 것을 보고 농담 삼아 말했다.

"스님은 꼭 돼지 같습니다."

무학대사는 웃으면서 말했다.

"대왕께서는 부처님 같습니다."

이성계는 조금 무안해져 말했다.

"저는 스님을 돼지 같다고 했는데, 어찌 스님께서는 제게 부처님처럼 생겼다고 하십니까?"

무학 대사는 얼굴에 미소를 띠우며 말했다.

"부처의 눈에는 부처만 보이고, 돼지 눈에는 돼지만 보이는 법입니다."

이와 비슷한 이야기가 있다.

어느 마을에 도인이 있었다고 한다. 사람들 사이에서 도인의 인망은 대단했다. 그걸 안 불량배가 그가 얼마나 대단한 사람인지 궁금해 그를 찾아갔다.

그와 이야기를 한 후 그는 마을 사람들에게 말했다.

"도인 그 별거 없어요. 딱 내 수준에 불과하다니까요."

도인은 사람들마다 딱 그 사람 수준에 맞게 잘 이야기를 해주었던 것이다. 이 두 이야기에서 알 수 있는 것은 역시 사람은 자신의 한계를 넘어서기 쉽지 않다는 것이다. 늘 자신의 시선에서 바라보기에 차원이 낮은 사람은 차원이 낮은 수준밖에 보지 못한다. 그렇다면 자신을 한 단계 차원 높은 사람으로 업그레이드하려면 어떻게 해야 할까?

그것은 이성계가 무학대사를 만난 것처럼 나보다 높은 상대를 만나서 그로부터 배우면 된다. 높은 스승은 나의 무지와 편견을 깨뜨리기에 스승의 가르침을 받으면 한 단계 더 성장할 수 있다.

6
장

붓다, 꿈을 꾸다

꿈은 이루라고 있는 것이다

불교에서는 대체적으로 꿈을 버리라고 한다. 인생이 꿈과 같은데 꿈속에서 또 무슨 꿈을 꾸느냐는 것이다. 하지만 나는 꿈을 이루어야 된다고 생각한다. 꿈을 이루어야만 꿈에 대한 집착에서 벗어나 해탈의 길로 갈 수 있다. 이루지 못한 꿈이 아른거리는데 해탈의 길로 갈 수 있을까? 단연코 없다고 할 수 있다. 나 역시 불교의 길에 집중하게 된 것은 이미 작가와 교사라는 내 꿈을 이루었기 때문이었다. 물론 나는 세계적인 교사와 세계적인 작가가 된다는 더 큰 꿈이 있기에 다시 꿈을 이루기 위해 준비하고 있다. 이 책 역시 내 꿈을 이루는 한 과정이다.

더 큰 꿈을 이루고 난 뒤라면 마음 놓고 열반의 길로 나아가기 위해 정진할 수 있을 것 같다.

붓다, 꿈을 꾸다

꿈을 꾸는 것은 인생에 있어 중요하다. 왜냐하면 꿈을 꾸는 사람은 결국 그 꿈을 이루기 때문이다. 꿈을 이루는 방법으로는 지독한 노력이 있을 수 있다. 하지만 더 쉬운 방법이 있는데 그건 바로 보시를 하는 것이다. 세상에는 운명이 정해져 있다고 한다. 하지만 그 운명을 바꿀 수 있는 방법이 있는데 그것이 바로 보시이다. 불교에서는 칠보시라고 하여 물질적인 보시만이 아닌 일상에서 실천할 수 있는 일곱 가지 보시를 말한다. 구체적인 보시의 종류는 앞서 설명하였으니 생략하고자 한다.

운명을 바꿀 수 있는 또 하나의 방법은 독서라고 한다. 보시라면 이해되는데 왜 책을 읽는 것이 운명을 바꿔 줄까. 그것은 독서를 많이 한 작가들의 이야기를 들어보면 쉽게 이해할 수 있다. 운명을 바꿔 주는 것은 보시 즉 공덕을 쌓는 것, 그리고 책을 읽는 것, 즉 지혜를 쌓는 것에 있다. 공덕과 지혜가 쌓이면 자연스럽게 인생을 잘 살아갈 수 있고 인생에서 겪는 여러 상황에서 좋은 판단을 내릴 수 있다. 그렇기에 운명이 좋아지는 것이다.

자신의 운명을 바꾸고 싶은 사람이라면 지금부터 작은 보시를 시작하라. 한 여자가 천녀로 태어날 수 있었던 것은 부처님께 드린 작은 공덕 때문이고, 어떤 사람이 대중들에게 크게 존경받는 학자가 될 수 있었던 까닭은 우연히 읽은 책 때문이다.

이처럼 보시와 독서를 통해 운명을 바꿀 수 있으니 현실에 절망하지 말고 나아가자. 독서와 보시로 자신의 운명을 바꾸어서 많은 사람들을 돕고 더 행복하게 만드는데 기여하자. 그것이 바로 독서와 보시를 올바르게 하는 것일 터이다.

미치면(狂) 미친다(及)

타인을 위한 자비와 보살행, 이웃 사랑 같은 것을 목표로 삼고 있는가? 물론 세상에는 훌륭한 사람이 많기에 그것이 가능할지도 모른다. 하지만 사실은 그런 것들로 자신을 기만하고 있지 않은가. 당신이 진정 원하는 것은 세상에서의 승리가 아닌가.

유명해지고, 세상 속에서 떵떵거리며 부와 명예를 누리고 사는 행복감을 느끼고 싶지 않은가. 미래의 불확실한 신계에 태어나는 것에 의지하기보다는 현실에서의 짜릿함을 즐기고 싶지 않은가. 그렇다면 지금부터 어떤 것에 미쳐라(狂). 미치면(狂) 미치게(及) 될 것이고, 이루어질 것이다. 미치기(及) 위해서 필요한 것은 오로지 미치는(狂) 것뿐이다.

아직도 다른 사람의 시선이 두려운가. 그것은 아직 당신은 미치지 않았다는 증거이다. 진정으로 미친 사람은 다른 사람의 시선 따윈 신경 쓰지 않는다. 체면 따위는 상관하지 않는다. 뜨거운 내 꿈이 생생히 살아있는데 남의 조언이나 판단에 무릎 꿇을 것 같은가. 진정으로 미친 사람이 되라. 단 한번만이라도 인생을 뜨겁게 살아가보라. 그런 다음에 이웃사랑이고 세상을 향한 자비에 대해 말하자.

당신은 걸어 다니면서 혹은 오래된 중고차를 타고 다니며 벤츠가 별거 없다고 자위하고 있지 않은가. 월세 원룸이나 전세에 살면서 강남의 고급 아파트가 별거 없다고 비꼬고 있지 않은가. 왜 당신이 그 주인공이 되고 싶다는 생각은 하지 않은가. 너무도 큰 격차에 포기해 버렸는가. 하지만 당신이 진실로 미친다면(狂) 미치게(及) 될 것이고 당신도 이룰 수 있을 것이다. 그때 가서 물질적 소유가 행복을 주지 못한다고 말하자. 먼저 이루어보고 그것에 대해 말해보자는 것이다.

관세음보살은 힘이 있다

초기 불교는 자력 구원을 내세웠지만 대승 불교에 오면서 타력 구원도 가능해졌다. 당신이 고통에 빠졌을 때 관세음보살을 부르면 자비의 관세음보살이 나타나 고통을 구제해준다고 한다. 당신이 죽기 전 구원받고 싶을 때 역시 관세음보살을 외치면 관세음보살이 당신을 선계에 태어나게 해준다.

나는 출세주의자이다. 이것을 부정하지 않겠다. 이것은 욕심 많은 내 인생의 한계일지도 모른다. 나는 이웃 간의 사랑, 자비 같은 것은 모른다. 내 행복이 우선이다. 붓다 역시 수행할 때 자신의 행복과 구원을 꿈꾸었지 다른 사람을 구원하거나 행복하게 만들겠다는 생각을 가지고 수행에 들어가지는 않았다. 자신의 구원과 행복을 이룬 다음에 다른 사람을 생각했던 것이다.

　나 역시 나 먼저 성공하려고 한다. 그리고 다른 사람의 성공과 행복에 관심을 가지려고 한다. 자신도 성공하지도 못하고 행복하지도 못하면서 다른 사람에 신경 쓴다는 것은 위선이고, 능력 부족으로 가능하지도 않다.

　나는 종종 관세음보살을 외친다. 나의 내세를 바라는 마음도 있지만 현실 속의 고통이 사라지고 내 뜻대로 행해지기를 바라는 마음으로 관세음보살을 외친다. 조금 이기적인 것이 아닌가 할 수도 있다. 하지만 종교의 큰 두 가지 기반은 내세에서의 행복과 현세에서의 복이다. 조금 기복적인 신앙이 아닌가 싶지만 자신의 꿈을 바라고 기도하는 것은 어떤 종교를 믿든지 간에 나쁘지 않다고 본다. 자신의 소망을 되뇌다 보면 자기 암시가 되어서 더욱 그것이 잘 이루어질 것이다. 종교적 입장에서 보거나 현대 심리학적인 관점에서 바라보아도 큰 문제가 없다는 뜻이다.

자동차, 집보다 더 큰 꿈을 꾸라

　부처님보다 큰 꿈을 가진 사람이 있었을까. 붓다는 온 중생을 구하겠다는 각오로 수행길에 나섰다. 이는 일체 중생을 포함해 가축, 짐승들까지를 포함해서이다. 붓다는 새에게 잡아먹히는 벌레를 보고서도 고통을 느꼈다. 고통스러워 하는 벌레를 보고 거기에 감정이 이입된 것이다.

붓다는 세상의 구조에 대해 괴로워했고 이를 해결할 방법이 없는가를 따져서 수행에 나섰다.

당신의 꿈은 무엇인가. 고작 수도권 내의 몇 평 아파트, 중형차 한 대, 아이들 교육비 정도이지 않은가. 물론 평범하게 사는 것은 좋다. 욕심은 적은 게 좋은 것이다. 불교의 지대한 가르침은 욕망을 줄이라는 것이다. 하지만 붓다가 온 세상을 위해 기원을 내었듯이 당신도 이 세상을 위한 꿈을 그려보는 것은 어떤가. 놀랍게도 자기만의 이익을 위한 기도보다 세상을 위한 더 큰 기도가 이루어질 확률이 더 높다고 한다.

꿈을 꾸려면 같이 꾸라. 세상 사람들을 위한 꿈을 그려보아라. 그런 큰 꿈은 많은 사람이 함께하게 하고 같은 꿈을 꾸기에 이루어질 가능성도 더 높다. 불교에서도 여러 사람들을 구제하겠다는 대승불교가 더 큰 위세를 떨쳤듯이 꿈의 세계에서도 남의 꿈을 이루기 위해 헌신하겠다는 사람은 자신의 꿈도 쉽게 이룬다.

법륜 스님은 세계평화와 한반도 통일의 꿈을 꾼다고 한다. 우리 같은 일반인으로서는 할 수 없는 큰 꿈이다. 하지만 그런 큰 꿈이 있기에 법륜 스님이 사람들의 마음을 위로하는 역할을 감당할 수 있었던 게 아닌가 싶다. 그리고 그런 큰 꿈은 하나의 염원이 되어서 꼭 이루어질 것을 믿는다.

목숨을 걸면 이루어진다

어떤 것에 목숨을 걸어본 적이 있는가? 그것이 무엇이든 당신에게 그런 것이 있었다는 것은 인생의 큰 기쁨이다. 붓다는 중생을 구원하는 일에 목숨을 걸었다. 류현진은 야구에 목숨을 걸었고, 손흥민은 축구에 목숨을 걸었다. 방탄소년단은 음악에 목숨을 걸었고, 김연아는 스케이트에 목숨을 걸었다. 목숨 걸고 무언가를 하면 그것이 이루어지든 안 이루어지든 자신에게 큰 자산이 된다. 목숨 걸고 노력할 만큼 뜨거운 열정이 있었다면 그 열정만으로 무엇이든 해서 성공할 수 있다고 본다.

붓다는 죽기를 각오하고 수행했다. 고통의 극단까지 가보고 나서 그는 중도라는 방법으로 해탈을 이룬다. 그는 우유죽을 얻어먹고 보리수나무에 앉아 다음과 같이 말한다.

"여기서 내가 깨달음을 얻기 전까지 이 자리를 뜨지 않으리라."

죽음을 각오하고 명상에 들어간 것이다. 때론 우리는 다른 사람의 성공을 보고 그들이 쉽게 그것을 이룬 줄 안다.
"운이 좋았겠지. 타이밍이 맞았겠지. 인맥이 있었네."
이런 말들을 한다. 하지만 어떤 성공도 운만으로 이루어지지는 않는다. 그리고 그 사람의 성공이 계속 이어진다면 그것은 그 사람의 실력이지 단순히 운은 아니다.

나는 이 책을 사람들의 행복을 위해서 쓰고 있다. 사실 사람들을 행복에 이르게 하는 일은 단순하지가 않다. 사람들은 그저 행복한 이야기를 읽고 행복해하지 않는다. 오히려 고통과 역경과 좌절을 이겨내는 캐릭터를 보고 흥분하고 좋아한다. 그런 면에서 작가는 악마적인 면을 갖춰야 하는데 나는 그런 면이 부족해 늘 실패를 맛보곤 했다. 결국 작가가 되었다는 것은 인간을 선으로 바라보지 못했다는 것과 같다.

한편 목숨을 건다고 꼭 성공하는 것도 아니다. 붓다도 목숨 거는 일을 포기하고 중도를 찾았을 때 성공했다. 우리는 어떠한 일을 무리하게 할 필요는 없다. 하지만 하루에 30분, 또는 1시간을 정해 규칙적으로 하자. 어떤 일이 습관이 되면 어렵지 않다. 매일 양치질을 하듯이 습관의 힘으로 우리는 성공의 언덕을 오를 수 있다. 이 길이 가장 빠른 길이다. 우리가 시각화라는 기법을 이용하는 것도 잠재의식의 길에 새로운 회로를 만들기 위함이다. 이미 미래에 성공한 나 자신을 보았기에 현재의 내가 성공할 수 있는 것이다. 늘 꿈꾸라. 그리고 웃어라. 인생을 즐겨라. 이것이 내가 여러분에게 해줄 수 있는 조언이다.

붓다, 자신감으로 깨닫다

붓다가 자신감이 없었더라면 깨달음을 얻지 못했을 것이다. 고행을 멈추자 떠나버린 친구들이 그리워서 혹은 떠남에 슬퍼 수행을 포기할 수도 있었을 것이다. 하지만 붓다는 언제나 자신을 믿었다. 그리고 자신이 위없는 깨달음을 얻을 것이라는 것을 알았다.

사실 성공으로 가는 길에 가장 필요한 것은 자신감이다. 자신감은 알파요, 오메가이다. 처음이자 끝이다. 누구도 당신을 열렬하게 지지하지 않을 것이다. 당신이 평소와는 다르게 성공의 길로 가면 가장 먼저 주위 사람들이 말리고 가까운 순서대로 차츰 방해하기 시작할 것이다. 그들은 당신의 변화를 원하지 않는다. 그들은 당신의 성공을 원하지 않는다. 그들은 당신이 성공하여 자신이 비참해지기를 원하지 않는다. 결국 스스로 자신을 믿고 나아가야 한다. 아무도 도와주는 사람이 없어도 말이다. 다시 한번 말하지만 아무도 도와주는 사람이 없더라도 말이다. 단 한 사람, 오직 자기 한사람만이라도 자신을 믿고 있다면 당신은 그것을 이룰 수 있을 것이다. 붓다 역시 그를 지지했던 수행자들도 떠나버리고 오직 홀로 수행했다. 그를 믿어주는 사람은 자기 자신밖에 없었다. 하지만 그는 자신을 믿고 홀로 수행했고 위없는 깨달음을 얻었다. 어쩌면 붓다는 자신감을 갖고 행한다는 것을 가장 먼저 보여준 사람이라고 할 수 있다.

현대에서도 자신감이 가지는 위치와 영향력은 상당하다. 많은 책에서 자신감은 부 그 자체라고 말하며, 성공에 있어 가장 중요한 것은 자신감이라고 한다. 자신을 믿는다는 것 그것이 성공의 시작이자 끝이다. 이런 자신감은 그냥 생기는 것이 아니다. 자신감은 경험에서 오는 것이다. 어려운 일을 끝마쳤을 때 느끼게 되는 감정이 바로 자신감이라는 감정이다. 많은 남성들이 군대를 다녀온 후 자신감을 가지는 것을 볼 수 있다. 어려운 군대생활을 무사히 마쳤기에 느낄 수 있는 것이다.

체력훈련을 열심히 한 축구선수가 시합을 앞두고 느끼는 감정이라든가, 미리 학습을 꼼꼼히 한 학생이 시험을 앞두고 느끼는 감정이 바로 자신감일 터이다. 우리는 이런 일상에서의 소중한 자신감을 키워나가 성불할 수 있다는 자신감으로 이어나가는 것이 필요하다. 붓다가 말했듯이 누구나 본성은 부처이다. 이 사실을 안다면 자신감을 가지고 성불을 향해 나아갈 수 있을 것이다.

부처님, 전법을 선언하다

비구들이여, 나는 모든 속박에서 벗어났다.
그대들도 또한 모든 속박에서 벗어났다.

중생의 이익을 위하여 중생의 행복을 위하여 길을 떠나라.

세상에 대한 자비심을 가지고, 존재하는 모든 것에 대한 자비심을 가지고

신들과 인간의 이익과 행복을 위하여 길을 떠나라.

둘이 함께 길을 가지마라.

처음도 훌륭하고, 중간도 훌륭하고, 끝도 훌륭하고,

바른 뜻과 문장을 갖춘 가르침을 설하여라.

완전하고도 청정한 수행의 삶을 보여주어라.

세상에는 더러움에 덜 물든 사람들도 있다.

다만 그들은 가르침을 듣지 못하였기 때문에 멀어졌지만

만일 그들이 가르침을 듣는다면 그것을 곧 알아들을 것이다.

비구들이여, 나도 또한 가르침을 설하기 위하여

우루웰라 세나니 마을로 가야겠다.

부처님은 깨닫고 나서 불법을 전하기 위한 길에 나섰다. 그리고 그의 제자들에게 마찬가지로 불법을 전하기 위해 떠나라고 말했다. 부처님은 이 불법이 사람들에게 환영받을 것을 알았다. 사람들을 깨우쳐 행복하게 만들 것도 알았다. 그렇기에 자신감 있게 불법을 알릴 것을 선언할 수 있었던 것이다.

붓다 이전에 꿈을 꾸라

나는 꿈을 추구하는 사람이다. 꿈을 꾸고 그것을 이루고 또다시 꿈을 꾸고, 더 큰 꿈을 꾸며 살아왔다. 그런데 붓다의 가르침은 이 세상을 환영처럼 보라는 가르침이었다. 이 부분이 너무도 상반되어 나는 붓다의 가르침이나 불경에 혹시 꿈을 추구하라는 이야기가 나왔는지 찾아보았지만 경전 어디에도 꿈을 추구하라는 말은 나와 있지 않았다. 꿈을 꾸는 것은 희망에 부풀게 하고 꿈을 이루는 것은 지극한 행복을 준다. 그럼에도 붓다는 왜 꿈에 대해서 말하지 않았을까. 사실 이것은 붓다의 삶을 보면 잘 알 수 있다. 붓다는 왕의 자식으로 태어나 무엇이든 원하는 것을 이룰 수 있었다. 애초에 꿈을 꿀 필요조차 없었던 것이다. 그래서 붓다에게 꿈이라는 개념 자체가 없었던 것으로 보인다.

그에게 보이는 것은 무언가를 얻고자 하는 꿈이 아니라 생로병사의 상태에 놓인 불쌍한 인간들이었다. 생로병사라는 명확한 상황 속에서 현생의 삶은 허깨비 같은 환상과도 같았다. 그래서 현생의 삶에서 꿈을 꾸는 것은 그에게는 의미가 없던 것이었다. 오히려 꿈은 이루어지지 않을 때의 괴로움을 더하는 것이다. 이는 괴로움의 해소를 추구하는 붓다에게는 어리석은 일로 비추어졌다.

한 인간으로서 꿈을 가지지 못하는 것은 불쌍한 것이다. 물론 불법을 이루는 것은 거대하고 위대한 것이다. 인간으로 이루기 힘든 것인지도 모른다. 하지만 꿈은 다르다. 누구나 꿈을 가지고 그 목표와 목적을 향해 노력하면 이룰 수 있는 게 꿈이기 때문이다. 그래서 나는 권한다. 해탈하기 이전에 자신만의 꿈을 이루어 보라고, 그럴 때 우리는 더 이상 꿈에 대한 미련 없이 해탈이라는 깨달음의 길을 갈 수 있을 것이다. 붓다 역시 황태자가 되고, 가정을 이루는 등 여러 자신의 욕망(꿈)을 이루었기에 미련 없이 수행자의 길을 갈 수 있었던 것으로 보인다.

무신론자, 존재 자체로 행복하다

일상에서 행복을 실천하는 사람은 붓다의 가르침이 필요 없을지도 모른다. 이미 현재 행복하기 때문이다. 그래서 일부 무신론자는 그 존재 자체로 행복하다. 현재에 만족하며 내세에 대해서도 크게 걱정하지 않기 때문이다. 그들은 묵묵히 죽음을 받아들이는 경우가 많다. 이는 용기 있는 태도로 종교에 의지하지 않기에 더욱 당당하다.

종교인들에게 이런 무신론자들은 오히려 부러움의 대상일지도 모른다. 종교인들은 사후의 천국을 바라거나 지옥을 두려워 하지만 무신론자에게는 그것은 다 관념이 만들어낸 허상에 불과하기 때문이다. 때로 종교인들은 자신은 천국에 갈 것을 확신하고 그렇지 못한 자를 포교하려한다. 하지만 그들 스스로 죽음에 대해 가장 두려워하고 있다는 것은 분명한 사실이다.

나는 붓다를 알리기 위해 이 글을 썼지만 무신론자를 억지로 불법에 들게 하고 싶지는 않다. 그들은 당당한 자세를 가졌으며 자신에 의지하는 그 자세는 오히려 불법을 모르더라도 가장 싯다르타와 닮았기 때문이다. 자신을 믿는 그 당당함으로 나아가라. 그렇다면 종교가 주는 공포와 사랑에 빠지지 않고 한평생 당당하게 살다가 죽음을 맞이할 것이다.

붓다, 설계자의 의도를 알다

붓다는 진화론과 상충되지 않는다. 붓다는 신이(우주가) 창조한 인간이란 생물체의 설계원리를 간파했다. 그래서 인간의 사용법을 알아버린 것과 같다. 신의 의도 또한 알아차렸다. 그리고 신에 의해 창조된 생물체들이 고통에 빠져 살아간다는 것도 알았고 과학적으로 고통에서 벗어나는 법을 설했다. 붓다는 사람들이 고통에서 벗어나도록 두뇌 사용법을 알려준 것이다. 붓다는 인간을 창조하지는 않았지만 신보다도 더 인간에 대해 이해심이 깊었던 셈이다.

그러니까 붓다는 궁극의 인생 공략집을 발견한 것이다. 그는 이 발견을 40여 년이 넘게 설했고 스스로 실천하며 제자들에게 이 진리를 가르쳤다. 그 공덕이 쌓여서 지금까지도 우리는 붓다의 진리를 전해 들을 수 있다. 지금은 지구촌 시대이다. 누구나 붓다의 지혜를 접할 수 있음에도 모두가 행복해하지 못하는 것은 붓다는 단지 길을 가리킬 뿐이기 때문이다. 말을 물가에 데려갈 수 있으나 물을 먹이지는 못한다. 말 스스로가 목마름에 물을 먹어야 한다. 그래서 사람이 진리에 목말라 할 때 붓다의 가르침을 만나야 한다. 그 진리의 물을 마시면 영원히 갈증을 해소할 수 있을 것이다.

모든 생물체는 고통을 느끼면서 살아가고 생존과 번식을 위해 한평생을 힘쓴다. 해탈이라는 새로운 삶의 해답을 발견한 붓다의 가르침은 어쩌면 매우 혁명적인 것이다. 반대쪽에서는 이른바 생명체로서의 도태가 아닌가 하는 시선이 있을 수도 있겠지만, 그것은 생명체의 부족한 능력으로 인한 도태가 아니라 스스로 선택한 삶의 방식이기에 도태라고 부를 수는 없다. 불교의 가르침의 독특함은 생식이라는 생명체의 그 오래된 근본 양식을 부정하기 때문이다. 누구보다도 생명체를 소중히 여기지만 생식을 권하지 않는 불교의 가르침은 결국 그 모든 근본 핵심은 생명체의 고통을 줄이기 위한 부처님의 하나의 지혜라고 보아야 할 것이다.

붓다, 천상에서 태어나다

불교 역시 종교가 되면서 사람들의 내생을 바라는 마음이 들어 있다. 이른바 공덕을 쌓으면 천상에서 태어나 천녀와 함께 살게 된다는 것이다. 나는 이 같은 내용을 읽으면서 종교는 인민의 아편이라는 말이 떠올랐다. 붓다가 말한 진리는 천상에서 태어난 것과는 상관이 없다. 행복하고 기쁘려면 현실 세계에서 부와 명예를 누리고 안락한 생활을 해야지 현실의 고통은 모른 체하고 내생만을 바라는 것은 어리석다. 붓다 역시 현실 세계에서 고통을 없애는 방법을 설했지 미래 천상에서 태어날 것을 기대하라고 말하지 않았다.

종교는 환상이 아니다. 물론 죽음 이후에 천국을 기대하는 것은 자연스러운 인간의 본성이다. 하지만 현재의 삶을 접어두고 죽음 후의 먼 미래만을 바라보는 것은 어리석다. 우리는 현재의 지금의 삶에 충실하고 행복해야 한다. 공자는 말했다.

"삶도 모르거늘 죽음을 알겠느냐."

공자는 죽음 이후의 세계에 대해서는 아무 말도 하지 않았다고 한다. 그런 면에서 공자는 성인들 중에서 가장 인간적이라고 할 수 있다. 그는 인간이 가야 할 길을 이야기했을 뿐, 사후 세계에 대해서는 논하지 않았다. 물론 천상에서 태어남은 좋은 일일 것이다. 하지만 붓다는 천상에서의 시간조차도 한계가 있을 것을 알았다. 또한 다시 윤회하게 될 것이기 때문에 윤회를 끝내는 해탈만이 인간에게 행복을 주는 유일한 길이라고 선언했다.

붓다는 왜 노동하지 않는가?

붓다는 왜 일을 하지 않고 얻어먹기만 하는가? 이에 대해 궁금했는데 한 책을 통해서 그 의문이 풀렸다. 그 책은 아함경이라는 책이다.

붓다 시대에도 붓다에게 이런 의문점을 가지는 사람이 많았던 모양이다. 한 농사꾼은 붓다에게 이렇게 말한다.

"사문이여, 나는 밭 갈고 씨를 뿌려서 내가 먹을 양식을 마련하고 있소. 당신도 또한 스스로 밭 갈고 씨를 뿌려서 당신이 먹을 양식을 마련하는 것이 좋지 않겠소이까?"

농사꾼은 일을 하지 않고 먹을 것을 얻어먹는 붓다를 비판한 것이다.

이에 붓다는 다음과 같이 응수한다.

"바라문이여, 나도 밭을 간다. 나도 밭 갈고 씨를 뿌려서 먹을 것을 얻고 있다."

농사꾼은 다시 말한다.

"사문이여, 당신이 밭 갈고 씨 뿌린다는 모습은 보지 못했소. 그건 무슨 뜻이오."

붓다는 이에 다시 답했다.

"내가 뿌리는 씨는 믿음이요, 내 보습은 지혜이다. 나날이 악업을 제어하는 것은 곧 김매는 작업이요. 내 소는 정진이다. 소는 한 걸음 한 걸음 나아가니 물러섬이 없다. 이런 것이 내 농사요. 수확은 감로의 열매이다."

붓다는 땅에서 하는 농사는 하지 않는다. 하지만 정신적으로 농사를 지어 수확한다는 것을 농사꾼에게 알려준 것이다. 이는 붓다 철학의 근본이 들어 있다고 할 수 있다.

쾌락은 극소수의 것

지금도 그렇지만 과거에는 오직 극소수의 사람만이 쾌락을 누리고 살수 있었다. 그런 현실 조건 속에서 무한한 쾌락을 누려보고 싶다는 것이 일반 민중들의 삶이 아니었을까. 그 바람은 현실에서 이루어질 수 없었다. 그래서 종교를 통해 조금이나마 현실의 고통을 줄여보고자 노력했던 것 같다. 종교인들은 대중을 위로하며 자신들의 이익을 확보했다. 그렇기에 진정한 종교적 가르침보다는 복을 기원하는 문화 쪽으로 형성될 수밖에 없다.

상류층의 경우 현실에서 쾌락을 누리기는 한다. 하지만 붓다가 직시한 생로병사로부터 자유로울 수 없다. 그렇기에 자연스럽게 종교에 눈을 돌리게 되었을 것이다. 이렇듯 종교는 인류의 시작과 함께한다. 초기 종교는 자연물을 숭상하는 데에 있었지만 차츰 추상적인 존재를 섬기기 시작했다. 어쩌면 종교란 신을 인류의 상상력으로 만들어낸 것이라고 할 수 있을 것이다. 여기서 신이 먼저냐 인간이 신을 창조했느냐를 논하고 싶지는 않다. 종교는 일종의 믿음일 뿐이다. 누구의 믿음이 옳은지를 판단하는 것은 논점을 벗어났다. 나는 이득의 관점에서 종교를 논하고 싶다. 종교가 인류에게 유익함을 준다면 종교는 인류에게 꼭 필요한 것일 것이다. 하지만 종교가 인류에게 해가 된다면 단호히 그 종교는 버리는 게 옳을 것이다.

초등교사, 불교를 배우다

불교에 빠졌지만 여전히 여자를 보면 쳐다보게 되고, 돈을 더 벌고 싶고, 죽음을 생각하면 두려움이 온다. 그렇다면 도대체 내가 읽은 책들은 무엇이고 공부한 불경들은 무엇인가. 왜 나는 변하지 않았을까.

하지만 실망하기엔 이르다. 변화는 원래 한 발자국 뒤에 오는 것이니까. 읽어둔 책들, 독송한 경전들, 그리고 불법에 관한 내용들은 내 머릿

속에 저장되었고 내 가슴속에 살아있고, 내 마음에 남아 있다. 그것들은 시간이 될 때면 언제나 내 머리와 마음속에 되살아나 현실 세계에서 벗어나는 깨달음의 지혜를 줄 것이다.

여러 가지 경전을 읽는 것은 중요하다. 하지만 그것보다 부처님이 깨달았다는 갠지스 강에 가서 물결의 흐름을 느껴보고 만져 보는 것이 더 가슴에 와 닿고 도움이 될 것이다. 수없이 경전을 읽는 것보다 단 하루라도 나무 아래에서 명상에 젖어보는 것이 좋을 것이다.

알고 있다. 나는 엘리트 불교인이 아니라는 사실을. 하지만 나는 현실 세계 속에 사는 많은 일반인들을 구하고 싶었다. 나는 평범한 일반인이다. 평범한 일반인으로서 어떻게 불교에 대해 알게 되었고 그 불교를 통해 어떻게 나 자신을 구원하고 고통에서 벗어났는지 길을 알려주고 싶었다.

나는 많이 부족한 사람이었지만 용기를 내었다. 누구나 나처럼 하면 고통에서 벗어나 현실 속의 세계에서 잘 살아갈 수 있다는 가르침을 전해주고 싶었다. 나는 붓다처럼 자신감을 가졌다.

'천상천하 유아독존'

난 누구보다 존귀한 사람이고 나의 말은 하늘보다도 소중하다. 나의 가르침은 붓다의 그것과 다를 바 없고 내 안의 불성은 내가 붓다 그 자체라고 말해주었다. 나 역시 싯다르타 석가모니 부처님처럼 불법을 펼 수 있는 것이다.

현세에서 나는 초등학교 교사로 그럭저럭 성공한 삶을 살았다. 책도 22권이나 내고 신문에도 내 책에 대한 기사가 여러 번 났다. 어느 정도 부와 명예, 지위를 얻은 셈이다. 그 이후 어떤 삶을 살아야 할지 고민하는 시간이 있었다. 더 큰 성공을 꿈꾸라는 말이 있었지만, 이미 많은 성공을 한 내게 그것은 별 의미 없는 것이었다. 그때 들어온 것이 붓다의 삶이었다. 누구보다도 행복했다던 그를 닮고 싶었다. 나 역시 완벽한 존재로 나 자신의 완성을 이뤄 보고 싶었다. 나는 사회 속의 수많은 사람들보다 열등한 존재였으나 독서와 수행을 통해서 조금씩 나아지고 있었다. 나의 성실과 노력으로 한 발자국씩 나아가는 모습을 독자들에게 보여주고 싶었다. 평범한 일반인일지라도 노력하기에 따라 성인에 가까운 삶을 살아갈 수 있다는 것도 증명하고 싶었다. 누구보다도 행복한 삶을 살아감을 통해 다른 사람들에게도 행복을 건네주고 싶었다.

내가 지금에서야 잘난 듯이 말하지만 사실 괴로움에서 벗어나고자 하는 한 인간에 불과했다. 인생의 괴로움은 과거나 지금이나 그리고 미래에도 동일할 것이다. 미래에 복제 인간을 만들지 않는 한 시간으로부터 오는 것(늙음, 죽음)은 앞으로도 계속 이어질 것이다.

그래도 머리 깎고 수행은 해보아야 하는 것이 아닌가 하는 생각을 가질 수도 있을 것이다. 하지만 파브르가 곤충기를 쓰기 위해 곤충이 되지 않았듯이 불교의 가르침을 배우는 데는 불교 서적을 읽는 것으로 충분하다는 생각을 하였다. 때론 생각이 깊은 누군가는 나와 다른 생각을 할 것이고 더 좋은 결과를 맺을지도 모른다. 하지만 나는 나만의 길을 걸었을 뿐이다.

불교, 세계에서 환영받다

위대한 진리를 알아서 기쁘다. 사실 태어나서 붓다의 가르침을 듣는 것은 드문 일이라고 한다. 지금에서야 지구촌 시대가 되어 순식간에 서로 대화하게 되었지만, 과거만 해도 그런 게 아니었다. 붓다의 제자는 1천여 명이 넘었다고 한다. 10만 구독자를 넘은 유튜버가 흔한 세상에 1천 명은 작아 보일 수 있다. 하지만 과거 아무것도 소식통이 없는 조건 속에서 1천 명이나 되는 수행자들이 붓다를 따랐다는 것은 대단한 수치가 아닐 수 없다. 붓다와 붓다의 가르침을 만나는 것도 과거에는 쉬운 일이 아니었을 것이다. 그래서 붓다는 자신의 가르침을 귀하게 생각했고, 그 가르침이 사람들에게 환영받을 것을 알았다.

붓다의 가르침은 평화적이다. 그래서 어느 지역으로 전파되더라도 배척당하지 않고 융화되어 그곳의 토속 신앙화되었다. 그래서 세계에는 인도 불교, 중국 불교, 한국 불교, 일본 불교 등 다양한 나라의 불교가 각자다르지만 다르지만은 않게 퍼져 있다.

최근 들어서는 유럽과 미국까지 전파되어 환영받고 있는데 불교야말로 그 진리와 그 실천가능성에서 가장 효과적인 철학이자 종교여서 그렇지 않나 싶다.

불법은 영원을 약속한다

부처님은 인간이 죽음이라는 일종의 결말에 대처하기 위한 방법으로 불법에 귀의할 것을 권했다. 육체는 스러지더라도 불법은 영원하다는 가르침이다. 우리의 원래의 모습은 영혼 그 자체기이기에 정신이 영원하면 곧 영원함을 가진다고 보았다. 이것은 예수님의 가르침과도 본질적으로 크게 다를 바 없다. 예수님은 좀 더 직접적으로 영생을 약속하였다. 육체가 죽은 후 부활해 하늘나라에서 살게 될 것이라는 단순한 가르침은 많은 사람을 설득해 기독교도로 만들게 하였다.

사람은 태초 때부터 영원함을 갈망했다. 성경에 의하면 에덴동산의 선악과로 영원함은 사라져 버렸지만 사람들의 영혼에는 영원함에 대한 소망이 살아 숨 쉬고 있다.

이런 영원함에 대한 갈망을 이루는 것은 종교적 방법이 있다. 최근에 생겨난 것은 과학기술로 이를 구현한다는 것이다. 컴퓨터에 뇌의 기록을 저장해 그 기록을 보관한다면 인간의 영생은 불가능에서 가능으로 바뀔 수도 있을 것이다. 이런 과학기술적 유토피아는 여러 드라마나 영화를 통해 나타났다. 그것이 조금은 허황돼 보이더라도 우리의 과학기술로 이룰 수 없는 불가능한 것은 아니다. 그렇기에 그것에 기대는 인간의 소망은 크다고 할 수 있다. 그때가 되면 종교가 사라지고 과학이 종교를 대신할지도 모르겠다. 하지만 인간의 고통의 문제는 끝나지 않기에 붓다의 가르침은 쉽게 없어지지 않고 새롭게 변형되어 그 영향력이 대대로 지속될 것이다.

도심 속에서 붓다의 길을 가다

이글은 재가 수행자들을 위한 글이다. 속세에 살면서 붓다를 따르며 살겠다는 사람들을 위한 글이다. 이것이 나는 새로운 개념인 줄 알았으나 붓다가 설법하던 시기부터 재가 수행자들은 많았다고 한다. 아마 속세를 벗어날 용기가 없거나 속세에 미련이 있지만 붓다의 가르침을 존경한 사람들이 가는 길일 것이다.

사실 이 책은 스님들이 보면 우스울 수도 있을 것이다. 이것은 마치 대학생에게 초등학생이 공부를 가르치는 격이기 때문이다. 그래서 사실 스님들에게는 이 책이 필요 없을 것이다. 그들은 실제로 수행을 하는 존재들이기에 불교의 개념이나 철학에 대해서는 더 잘 알고 있을 것이다. 무엇보다도 그들은 모든 걸 다 버리고 성불 하나만 바라보고 정진하는 자이기에 그들과 나를 비교하는 것은 무리이다.

하지만 나 역시 부족하지만 속세에서나마 보다 많은 사람에게 행복을 주기 위해 용기를 내었다. 그것이 부족할지는 모르지만 내 뜻이 잘못된 것이라고 생각지 않는다. 사람들에게 행복을 주기 위해서는 나부터 가장 행복해야 하고, 내가 좋아하는 것이 책이기에 열심히 책을 읽었을 뿐이었다.

앞으로도 나는 많은 책을 읽을 것이다. 내가 좋아하는 일들을 하면서 시간을 보낼 것이다. 그것은 세계 평화에 기여할 것이다. 오직 자신의 마음 상태만 바라보면서 마음을 평화로 만드는 것, 그것이 지구 평화를 위한 길이다. 당신도 당신의 마음만 살펴라. 남의 행동에 간섭하지 말고 오직 자신의 행동과 말을 바꾸어라. 그러면 된다.

왜 묘지로 서둘러 갑니까?

"평화에 이르는 길은 없습니다. '평화가 바로 길입니다.'라고 말했습니다. 마음 챙김 걷기는 우리에게 평화와 기쁨을 안겨주고, 우리의 삶을 진실 되게 합니다. 왜 서두릅니까. 우리의 최종 도착지는 단지 묘지일 뿐입니다. 왜 매 걸음마다 평화를 음미하며 걷지 않습니까? 발버둥 칠 필요가 없습니다. 한 걸음 한 걸음 즐기세요. 우리는 이미 도착해 있습니다."

틱낫한 스님은 우리의 최종 목적지는 단지 묘지라고 한다. 이처럼 현실을 잘 나타내 주는 말은 없을 것이다. 애초에 불교란 생로병사에서 탄생한 종교이기에 죽음에 대한 시선은 이렇게 냉정할 수밖에 없을 것이다. 그렇다면 인간은 생로병사의 운명에서 벗어날 수 없기에 절망밖에 없을까? 인간은 정해진 시간을 살아가는 불쌍한 생명체에 불과한 것일까? 그토록 역사적으로 많은 사람이 태어나고 죽었는데 그들은 다들 무엇을 이루고 무엇을 깨닫고 무엇을 행하고 죽었을까? 왜 그들은 그렇게 살았을까? 그리고 그들은 인생을 무엇이라고 생각하며 어떻게 살아갔을까. 틱낫한 스님은 가장 중요한 가치를 평화라고 손꼽았던 것 같다. 평화를 지키는 것이 인류를 위한 가장 좋은 길이라는 것이다. 걷기 명상을 통해 매일 매일 한걸음 한걸음을 평화를 생각하여 걸어라. 평화 속에서 기쁨을 찾을 수 있을 것이다.

서울대 가기보다 쉬운 붓다 되기

붓다가 된다는 것을 서울대 들어가는 것에 비유해보자. 서울대 들어가는 것은 정말 힘들다. 수험생 중 1%만이 들어가기 때문이다. 하지만 그것이 불가능한 일이 아니다. 『공부가 제일 쉬었어요』를 쓴 장승수도 전교 꼴지의 수준이었으나 5수 끝에 서울대에 수석 입학했다. 마찬가지로 좋은 스승을 만나 체계적으로 공부하면 서울대 가는 것은 절대 불가능하지 않는다. 붓다가 되는 것도 마찬가지이다. 붓다가 되는 것은 정말 힘들다. 역사적으로 스님의 수는 많지만 부처를 이루었다고 평가받는 사람은 손에 꼽을 정도이다. 애초에 스님이나 재가승이 된 사람도 인류 중에 많지 않다. 하지만 붓다가 되는 게 불가능하다고 부처는 말하지 않았다. 누구나 불성이 있고 정진해 나가면 누구나 가능한 게 부처되는 것이라고 했다. 애초에 서울대 가는 것보다도 쉬울 수 있다는 것이다. 왜냐하면 부처는 머리가 좋아서 되는 것이 아니라 마음의 깨달음을 얻어야 되는 것이기 때문이다.

한마디로 붓다가 되는 것은 세상에서 성공하는 것과 동일한 이치가 적용된다. 절대 포기하지 않으면 안 되는 것이 거의 없다. 마찬가지로 붓다가 되는 것을 절대 포기하지 않으면 그 사람은 성불할 수 있다는 뜻이다. 바보, 살인자, 천한 자, 어리석은 자, 몸을 파는 자 등 수많은 사람들이 붓다를 만나 깨달음을 얻었다. 평범한 당신 역시 당연히 이룰 수 있는 것이 성불이다. 부처님은 바보도 깨닫게 하셨다. 바보는 서울대는 못 가지만 부처님은 될 수 있는 것이다. 부처의 가르침이 나타난 경전을 읽고 스스로 마음을 닦아라. 그러면 당신의 마음이 곧 깨달음임을 느끼게 될 것이다.

행복은 경제적 자유에 있지 않다

경제적 자유가 대세인 시대이다. 하지만 사람들은 착각하고 있다. 그것은 경제적 자유가 행복을 줄 것이라는 것이다. 경제적 자유는 행복을 주지 못한다. 경제적 자유인 사람 중에 행복한 사람과 그렇지 않은 사람이 있을 뿐이다. 그들도 일반인과 다를 바 없다. 오히려 행복은 자신의 마인드를 어떻게 다루느냐에 달려있다. 자신의 마인드를 잘 다스리는 사람은 언제나 행복할 수 있다. 붓다처럼 말이다. 세상에는 높은 지위나 많은 부를 이루었으나 자살하는 사람들도 많다. 모두 다 일시적인 자신의 마인드를 잘 다스리지 못했기 때문이다. 부처님 시대에도 부자인 사람이 많았으나 그들 모두 행복하지는 않았다. 오히려 인생에 환멸을 느끼는 사람도 많았다. 그들은 붓다를 만나서 스님이 되고 나서야 진정한 행복을 얻었다.

그중 한 명은 야사라는 사람이다. 야사는 부호의 아들로 태어나서 많은 것들을 누리며 자랐다. 그는 밤낮으로 환락을 즐기며 살았다. 어느 날 야사는 그는 새벽에 추한 모습으로 자고 있는 기생들을 바라보면서 인생에 환멸을 느꼈다. 그는 괴로움에 몸서리치며

"나는 괴롭다. 나는 괴롭다. 나는 괴롭다."

하면서 돌아다녔다. 이 모습을 본 부처님은 말했다.

"불법에는 괴로움이 없다. 불법을 따르라."

이에 야사는 붓다의 제자가 되었다.

이처럼 부나 지위, 권력 같은 것은 행복에 직접적인 영향을 주지 않는다는 것이다. 물론 그것을 자신이 진정으로 원했던 사람이라면 그런 것이 잠시 행복을 줄 수 있을 것이다. 하지만 그것이 단지 다른 사람이 보기 좋기 위한 일종의 자기 과시 물에 불과하다면 그것은 당신에게 진정한 행복을 주지 못할 것이다.

행복은 자기하기 나름이다

한 부자가 부자가 되어서 뭐가 좋은지에 대해 두 가지를 말했다. 하나는 '보기 싫은 사람 안 봐도 된다.', 두 번째는 '늦게 일어나도 된다.'였다.

그렇다면 부지런해 매일 새벽에 일어나고 직장에서도 주위 사람들과 인간관계가 원만한 사람은 부자와 똑같다는 것이다. 그 사람은 이미 부자이다. 그렇게 보았을 때 부자도 별로 대단한 게 아니다. 사람과의 관계를 좋게 하고, 부지런하면 그 사람은 지금은 부자가 아닐지라도 머지않아 부자가 될 사람이다.

사실 예전에 비하면 지금의 경제 환경은 매우 풍족하다고 보아야 한다. 매일 세끼 먹는 것에 감사한다면 그 사람은 정신적으로 그 어떤 사람보다도 풍요로울 것이라고 믿는다.

사실 우리나라 같은 경우 굶어 죽는 사람은 없다. 그것은 그만큼 나라의 경제력이 높아졌기 때문일 것이다.

남자 같은 경우 군대에 가면 정해진 일과에 따라 생활하게 된다. 아침 일찍 일어남은 물론이다. 그때를 생각하면 아침에 일어나는 것은 크게 어려운 일이 아니다. 여자도 수험생 생활을 해본 사람이라면 규칙적인 생활이란 그렇게 힘들지 않을 것이다.

그리고 세상에는 수많은 사람들이 있다. 사람마다 개성과 성격이 다르다는 것을 받아들인다면 주위 사람들과 정을 나누고 산다는 게 크게 어렵지 않을 것이다. 결국 부자란 누구나 될 수 있다. 부자가 된다는 것은 스스로 행복을 찾는 것이다.

붓다 역시 하루에 거의 자지 않을 정도로 부지런했고 여러 사람들을 교화시킬 자비의 마음을 지녔다. 그렇기에 부자 이상의 존경과 사랑을 받았던 것이다. 사실 붓다의 마음을 가지면 직장을 다니는 것은 식은 죽 먹기라고 볼 수 있다.

인생은 롤러코스터다

인생에는 오르락내리락이 있다. 뭐든지 잘되는 상승 시기가 있다. 막 항해를 떠난 배처럼 신나게 바깥세상을 향해 떠날 때가 있는 법이다. 그때는 무얼 해도 신이 난다. 반대로 내리락도 있는 법이다. 항해를 하다가 폭풍우를 맞이하는 격이다. 딱히 무슨 죄를 지었거나 잘못을 해서 그런게 아니다. 인생은 늘 상승과 하락기가 있는 법이다. 상승할 때는 좀 더 조심스럽게 주변을 살펴서 흐트러짐이 없이 해야 한다. 하락기에는 너무 좌절하지 말고 묵묵히 상황을 지켜보는 힘이 필요하다. 끝없는 상승기도 끝없는 하강기도 없다. 오르락도 언젠가 끝날 것이므로 겸손해야 하고, 내리락도 언젠가 끝날 것이기에 미리 포기하거나 좌절하지 말아야 한다.

주식 시장에도 주식이 오르고 내림이 있다. 오를 때 끝없이 오를 것이라는 환상을 버려야 하며 내려갈 때 언젠가는 바닥을 치고 올라올 것을 믿어야 한다. 주식시장에서 주식투자하기가 쉽지 않듯이 운명에 맞서 자신의 마음가짐을 하는 것도 쉽지 않은 일이다. 그러므로 가장 중요한 것은 평정심이다.

'이것 또한 지나가리라.'

이보다 더 마음을 평화롭게 하는 말이 있을까. 지금의 환호와 열광도 한순간임을 알아야 하고 지금 아무리 괴롭고 힘든 상황에 처했더라도 끝이 있음을 알면 너무 괴로워할 필요도 없다. 현자의 지혜는 여기서 또 한 번 배워갈 수 있다.

평상심이 도라는 말이 있다. 이는 물결에 흔들리지 않는 배처럼 자신의 주관을 가지고 굳게 살아가라는 의미일 것이다. 하루하루 반복되는 일상을 바위처럼 묵묵히 살아가는 사람이야말로 진정으로 깨달은 붓다의 삶과 비슷한 삶일 것이다. 나도 이처럼 평상심을 지키면서 바위처럼 살아가고 싶다.

틱낫한 스님에게 배우는 명상과 기도

1. 걷기 명상

틱낫한 스님은 걷기 명상을 추천한다. 호흡을 하면서 걷기를 통해 나 자신을 받아들이고, 평화 속에서 자신의 호흡을 바라보고 발바닥으로 대지와 키스하는 것을 말한다.

2. 호흡 명상

틱낫한 스님은 다음의 시로 호흡 명상을 설명한다.

들이쉬고(in), 내쉬고(out)

깊이(deep), 천천히(slow)

고요히(calm), 편안히(ease)

웃고(smile), 놓아버려라(release)

지금 이 순간(present moment), 아름다운 순간(wonderful moment)

3. 기도에 필요한 에너지

기도를 할 때 믿음과 자비, 사랑의 에너지는 전력의 구실을 한다. 그러한 전력 없이 기도를 한다면 전기가 들어오지 않는 전화기에 대고 얘기하는 것과 같다. 우리의 기도가 응답받지 못하면 이와 같은 이유 때문이다. 한마디로 기도할 때는 믿음과 사랑 에너지가 필요한 것이다.

친구 간에도 필요한 것이 믿음과 사랑이다. 사실 우정이라는 것은 인류가 선사 시대에 있을 때는 없었던 개념이라고 한다. 그러던 것이 기원전 그리스 시대에 우정이라는 개념이 싹트기 시작했다. 그 이유는 선사 시대는 가족 단위로 살았고, 그리스 시대에 오면서 도시 국가가 발전하면서 여러 사람과 사랑과 정을 나누는 게 필요해졌기 때문이다.

우리가 친구를 위해 기도를 할 때도 아마 사랑을 담아서 할 것이다. 나 역시 친구를 위해 기도한 적이 있다. 나는 그 기도가 분명 효과가 있을 것이라고 보았다. 그리고 혹시나 나를 위해 기도해 주는 사람이 있으면 매우 감사해했다.

기도는 하나의 응원과도 같다. 그 사람 편에 서서 그 사람 인생이 잘되기를 바라는 것이다. 혹시 자기만을 위한 기도만 하고 있다면 타인을 향한 기도를 해보는 것은 어떨까. 타인을 위한 기도가 더 이루어지기 쉽고, 그 기도가 이루어진다면 다음 차례는 자신이 될 것이 분명하기 때문이다.

시골 양반, 부처님 되셨네

사실 필자는 별거 없는 사람이다. 하지만 굼벵이도 구르는 재주가 있다고 남보다 나은 게 있다면 독서를 많이 하고 공부를 조금 잘했다는 점이다. 수능 재수, 임용 삼수를 하긴 했지만 교사로 임용되었고 파주의 한 시골 초등학교에서 10년째 일하고 있다. 운 좋게 몇몇 출판사에서 책이 나오기도 했다. 솔로여서 외로웠으나 공부하거나 책을 보는 것은 혼자서 하는 활동이기에 책을 보거나 공부를 하다 보면 어느새 외로움은 사라지고 없었다.

　가족과 궁전사람 모두와의 관계를 끊고 가장 행복해진 부처님은 인맥을 중시하는 요즘 사람들이 보기에는 의아할 수 있다. 사람 간의 관계가 좋아야 행복하다는데 모든 관계를 끊고 나서야 행복해졌다. 그 이유는 깊은 선정에 빠져 세상의 이치를 알았기 때문이다. 또한 누구보다도 인간을 사랑하게 되었기 때문이다. 나 역시 부처님처럼 혼자 이지만 부처님을 본받아 세상 사람들을 사랑해야겠다고 다짐했다. 여기서 사랑하는 사람이란 연인만을 말하는 것이 아닌, 우리 주위의 모든 사람을 뜻하는 것이었다. 그게 가능하냐고 말할지 모르지만 될지 안 될지는 해봐야 아는 것이다. 때에 따라 내게도 좋은 인연이 생겨 결혼을 하게 될지도 모르겠다. 하지만 부처님 철학은 지켜나가려고 한다. 혼자 행복해야 둘이서도 행복할 수 있다. 둘이 살든 혼자 살든 개인의 삶은 유지하되 서로 간에 조화를 이루면 좋겠다. 그리고 잘할 수 있을 것이라는 희망이 든다.

7
장

불교의 개념과 용어를
말해주마

불교에 대한 호기심

불교의 개념과 용어들은 불교를 이해하는데 기본이 된다고 할 수 있다. 불교의 용어와 개념을 익히면 불교에 대한 이해를 심화할 수 있다. 불교 개념과 용어는 수학에서의 구구단과도 같다. 이를 익히면 학문적으로도 깊이 이해할 수 있을 뿐 아니라 불교에 대한 이해를 바탕으로 불교적 가르침을 실천하는 데 도움이 된다. 무엇보다도 내가 불교의 개념과 용어에 대해 공부한 것은 호기심 때문이었다. 불교의 개념과 용어가 궁금했고, 그것을 이해하고 알고 싶었다. 여기에는 내가 공부했던 그리고 읽었던 것 중에서 중요하다고 생각되는 불교 용어와 개념을 담았다. 불교에 대한 이해를 돕고 불교에 대한 호기심을 푸는 데 도움이 될 것이라고 생각한다.

사성제와 팔정도

– 사성제

불교 교의의 핵심으로, 석가모니가 깨달음을 얻은 지 얼마 안 되어 인도 바라나시 근교의 녹야원에서 행한 최초의 설법 내용이다. 이 4가지 진리는 종파를 불문하고 모든 불교 교단에서 보편적으로 받아들여지고 있다. 고성제 · 집성제 · 멸성제 · 도성제로, 보통은 고집멸도의 4자로 축약해서 표현하기도 한다.

고성제는 인생 자체가 괴롭다는 뜻이다. 집성제는 괴로움에는 원인이 있다는 것을 아는 것이며, 멸성제는 괴로움이 소멸된 상태를 말한다. 마지막을 도성제는 괴로움을 멸하기 위한 팔정도가 있다는 뜻이다.

– 팔정도

팔정도란 여덟 가지 바른 수행의 길이라는 뜻으로 다음과 같다.

정견 : 바른 견해로 편견 없이 세상을 있는 그대로 보는 것이다. 사물을 바로 보는 것이 바른 삶의 시작이다.

정사유 : 바른 생각이다. 바른 견해를 가져야만 바른 생각을 할 수 있다. 현실을 있는 그대로 보고, 이치에 맞게 생각한다는 것이다.

정어 : 바른 말이다. 말은 자신의 생각과 의견을 표현하는 수단이다. 거짓말, 이간질하는 말, 욕이나 비방하는 말은 그 사람의 비뚤어진 생각과 시각을 나타낸다.

정업 : 바른 행동이다. 모든 행동을 바르게 해야 한다. 바른 생각과 바

른말에서 나아가 이치에 맞는 행동을 해야 한다.

정명 : 바른 생활, 즉 바른 직업이다. 옳은 일에 종사하고 몸과 마음과 말, 즉 신구의 삼업을 청정히 하면서 바르게 사는 것을 말한다.

정정진 : 깨달음을 향해 나아가는 쉼 없는 노력을 말한다. 아울러 옳은 일에 대해서 물러섬 없이 밀고 나가는 정열과 용기를 뜻하기도 한다.

정념 : 바른 마음 챙김이요, 바른 마음 집중이다. 마음의 움직임과 느낌에 대해서 마음을 챙겨 바로 깨어있는 것이다.

정정 : 바른 선정이다. 마음 챙김과 마음 집중을 통하여 마음이 바른 삼매의 상태에 들어가 고요한 평정에 머무는 것이다. 정정의 상태에서 지혜를 얻게 된다.

깨달음으로 가는 길

– 선정

부처님이 가장 애쓴 영역은 명상이다. 부처님은 많은 시간 선정에 빠져 있었다. 세속을 초탈해 마음 관리를 하는데 가장 도움이 된 것이 바로 선정의 시간이다. 명상을 하면서 부처는 지극한 행복한 상태에 도달할 수 있었다. 이 선정의 시간은 아무리 길어도 나쁘지 않다고 칭찬하셨다.

부처의 제자들도 부처의 가르침에 따라 공삼매에 빠지는 시간이 많았다. 그들은 늘 같이 수행하고 같이 행복하고 같이 평화로웠다.

사실 이 세상에서 지극히 불행한 것은 전쟁이다. 이런 전쟁은 탐욕과 갈등으로부터 나온다. 베트남의 성자 틱낫한 스님은 자신의 마음을 돌보는 것이 세계평화에 기여한다고 말했다. 자신의 탐욕과 갈등을 없애기에 집중할 때 세계의 전쟁과 분쟁과 같은 갈등은 사라지게 될 것이다. 부처는 이 사실을 알았기에 평화라는 가치를 최고의 가치로 둔 것이다. 그리고 인간의 본성의 악함을 알기에 이를 선정으로 다스리려고 하였다. 지극히 지혜로운 가르침이었던 것이다.

– 보시 바라밀

바라밀은 '완전한 것을 이루다.'는 뜻으로 깨달음의 세계, 피안에 이르는 완성을 말한다. 그중 육바라밀이 있는데 육바라밀은 여섯 가지 완전한 수행을 뜻한다. 불교에서는 그중 보시 바라밀을 가장 중요시한다고 한다. 보시 바라밀은 세 가지로 재시, 법시, 무외시의 세 가지 보시를 권장하고 있다. 얻고자 하는 사람은 주어야 한다. 불교에서는 되돌려 받고

자 하는 마음 없이 무조건 베푸는 보시야말로 진정한 공덕을 쌓는 길이라고 한다. 내가 쌓은 선업은 내가 죽은 뒤에도 없어지지 않는다. 예수님은 이를 하나님의 나라에 재산을 쌓으라고 말한 적이 있다. 이는 불교적 보시와 일치한다. 결국 진리란 높은 곳에서 다 말이 통하는 것 같다.

– 팔정도 중 바르게 집중하기

사선을 닦는 것으로 수행자가 이르게 되는 네 단계의 선정이다.

대염처경에서는 다음과 같이 설명한다.

"비구들아 그러면 무엇이 바르게 집중하기인가?"

"비구가 애욕과 불건전한 것들을 떠나고 일으킨 생각과 지속적인 고찰이 있고, 떠남으로써 기쁨과 안락이 있는 초선에 들어 머문다. 일으킨 생각과 지속적인 고찰이 가라앉고 마음이 고요하고 한곳에 집중됨으로써 기쁨과 안락이 있는 제 2선에 들어 머문다. 기쁨을 버리고 평온에 머물며, 알아차리기와 분명한 앎을 지녀 몸으로 안락을 느낀다. 성자들이 평온과 알아차리기를 지니고 안락에 머문다는 제 3선에 들어 머문다. 안락도 버리고 괴로움도 버리며, 이전에 기쁨과 슬픔을 없애 버렸으므로 괴롭지도 즐겁지도 않고 평온과 알아차리기로 청정해진 제 4선에 들어 머문다."

"비구들아 이것이 바르게 집중하기이다."

욕망을 초월하는 비밀

− 탐진치

삼독 : 열반에 장애가 되는 세 가지 번뇌

비구들아 모든 것이 타고 있다. 활활 타고 있다. 너희들은 먼저 이것을 알아야 한다.

비구들아 눈이 타고 있다. 귀도 타고 있다. 코도 타고 있다. 마음도 타고 있다. 모든 대상을 향해 활활 타고 있다

비구들아 그것들은 무엇으로 타고 있는가?

탐욕의 불꽃으로 타고, 분노의 불꽃으로 타고, 어리석음의 불꽃으로 탄다.

삼독은 열반에 이르는데 장애가 되는 세 가지 번뇌, 탐욕, 분노, 어리석음을 말한다.

탐욕은 탐내어 그칠 줄 모르는 욕망이고 매사에 자신의 생각대로 되기를 바라는 망상이고, 남이 자신을 인정해주기를 바라는 갈구이다.

분노의 바탕은 저항이다. 자신의 뜻대로 되지 않는 데서 일어나는 저항이고, 허망한 자존심에 상처를 받는 데서 일어나는 저항이다. 싫다고 저항하는 게 분노이다.

어리석음은 자신이 얼마나 탐욕스럽고 매사에 얼마나 성을 잘 내는지를 자각하지 못하고, 그 탐욕과 분노의 발생과 소멸에 대해 알지 못하는 것이다.

– 불교의 삼독과 계정혜

불교의 삼독은 세간의 중생이 받는 세 종류의 근본적인 해독으로 탐진치를 말한다.

중생이 각종 번뇌로 고통받는 것은 바로 삼독의 작용 때문이다.

탐욕은 사물에 대하여 만족을 모르고 끝없이 추구하며 소유하려는 욕망이다. 계는 탐에 대한 치료로 사람의 언행과 태도의 규범으로 이용된다.

진(성냄)은 타인에 대하여 복수 혹은 원한을 갖는 마음이다. 정은 진에 대한 치료로 사슴이 끄는 수레는 정을 대표하며 정은 마음을 맑게 하고 망념을 없앤다.

치(어리석음)은 무명을 말하는 것으로 중생이 옳고 그름을 명백하게 이해하지 못하며 선악을 분별하지 못하는 상태를 말한다.

혜는 치에 대한 치료로 위가 없는 지혜를 깨달아 얻는 최후의 한걸음이다.

– 오온

오온 : 인간을 구성하는 다섯 가지 요소의 무더기

온은 무더기 모임 집합 더미를 뜻한다. 오온은 인간을 구성하는 다섯 가지 요소의 무더기이다. 오온은 오음이라고 하기도 한다.

1. 색온은 몸이라는 무더기, 몸의 감각 무더기이다.
2. 수온은 괴로움이나 즐거움 등 느낌의 무더기이다.
3. 상온은 생각, 관념의 무더기이다.
4. 행온은 의지, 충동, 의욕의 무더기이다.
5. 식온은 식별하고 판단하는 인식의 무더기이다.

오온은 무상하다.
상윳타 니카야에는 이런 내용이 있다.

어느 때 붓다께서 사위 국에서 여러 비구들에게 말씀하셨다.
"몸은 무상하다. 무상은 괴로움이고, 괴로움은 나가 아니며 나가 아니면 내 것 또한 아니다. 이렇게 통찰하는 것을 진실하고 바른 통찰이라 한다. 이와 같이 느낌, 생각, 의지, 인식도 무상하다. 무상은 괴로움이고, 괴로움은 나가 아니며 나가 아니면 내 것 또한 아니다. 이렇게 통찰하는 것을 진실하고 바른 통찰이라고 한다."

비구들아 몸 느낌, 생각, 의지, 인식은 무상하다. 이것들을 일어나게 한 원인과 조건도 무상하다. 비구들아 무상한 것에서 일어난 것들이 어찌 영원하겠는가.

선종이란 무엇인가?

– 신수의 게송과 혜능의 게송

신수라는 자는 사람들에게 인정받는 스님이었다. 하지만 완전한 깨달음은 얻지 못하였다. 하루는 홍인대사가 조사의 자리를 물려주기 위해 사람들에게 게송을 짓게 했다. 이에 신수는 다음과 같은 게송을 지었다.

"몸은 보리의 나무요, 마음은 맑은 거울의 받침대와 같나니 때때로 부지런히 털고 닦아서 티끌과 먼지가 묻지 않게 하라."

한편 혜능은 뒤늦게 절에 들어온 자로 문자도 모르는 까막눈에 배운 것 없는 존재였다. 하지만 금강경을 듣고 마음으로 깨우친 바가 있어 신수의 게송을 보고 다음과 같은 게송을 지었다.

"보리는 본래 나무가 아니며 밝은 거울 또한 받침대가 없으니 불성은 항상 청정하거늘 어느 곳에 티끌이 묻으리요."

라고 말했다.

홍인대사는 신수의 깨달음이 부족하고 혜능이 깨달음을 얻음을 알고
그에게 조사의 자리를 전수했다.

– 선종의 방과 할

선종에서는 방과 할이라는 깨침의 방법을 쓰는데 방은 방망이로 내리
치는 것을, 할은 소리를 크게 지르는 것을 의미한다.

임제 의현 선사가 일찍이 황벽 희운 선사에게 불법의 대의가 무엇인지
를 물었다. 황벽 선사는 한마디도 하지 않고 곧바로 임제 선사의 머리를
내리쳤다. 임제 선사는 이에 굴하지 않고 여러 차례 반복해서 질문했지
만, 그럴 때마다 두들겨 맞기만 했다. 하지만 임제 선사는 어느 순간 홀
연히 명백하게 깨우치고 불법은 언어로 표현될 수 있는 것이 아니라는
것을 알게 되었다. 이때부터 임제 선사는 방과 할의 방법을 사용하게 되
었다.

– 혜능대사 불문에 들다

혜능대사는 홍인대사에게 의발을 물려받았으나 불법에 출가하지는 못했다. 그 후 혜능대사는 영남에 도착한 후 산속에서 수년을 은거한 다음, 법성사로 찾아갔다. 하루는 두 화상이 절 앞의 깃발이 바람에 움직이는 것을 보고 서로 바람이 움직이는 것인가, 깃발이 움직이는 것인가를 놓고 논쟁하고 있을 때 혜능대사는 너희들 마음이 움직이는 것이라고 말했다. 인종 법사는 혜능대사의 말을 듣고 흡족해하며 혜능대사의 신분을 물은 후 대사를 위해 출가 의식을 해주고 스승으로 섬겼다.

– 선종의 유래

중국의 선종에서 전해지는 바로는 달마대사가 선종을 창립한 것으로 전한다. 하지만 진정한 개창자는 당나라 때의 혜능대사라고 할 수 있다. 선종은 오직 수심만을 요구하였다. 선종은 눈앞의 인간세계만을 특별히 강조한 것이다. 물을 길어 나르고 땔나무를 옮기는 행위가 바로 오묘한 도라고 하여 평상심이 도임을 강조했다. 좌선이나 염불 등을 강조하지 않고 오직 자기 내심의 청정을 유지하도록 강조했다.

– 달마대사

달마대사는 선의 시초이다.

남인도의 향지국의 셋째 왕자라 하나, 기록이 많지 않아 무슨 일을 했는지 알기는 어렵다. 전등록에 따르면 반야다라의 제자였다고 한다. 고대 인도의 전통무술 칼라리 파야트를 중국으로 가져와서 중국 권법의 시조가 되었다는 설이 있으나 이를 뒷받침할 자료는 없다. 520년, 소림사에서 9년간 면벽수련을 한끝에 깨달음을 얻었다고 한다. 그는 사람의 마음은 본래 청정한데, 오랜 수련을 통해서 이를 깨달을 수 있다는 주장을 세상에 펼쳤다. 다시 말하자면, 그는 이전의 경전 중심의 교종 불교에서 좌선 중심의 선종 불교를 주장한 셈이다.

- 선

선이라는 것은 마음에서 마음으로 깨닫는 것이다. 그래서 불립 문자라고 한다. 문자로서 이를 수 없는 것이다. 글자를 읽고 쓸 줄도 몰랐던 혜능이 6대 조사가 될 수 있었던 것은 선의 세계에서 유식하는 것은 아무 의미가 없기 때문이다. 오직 마음의 깨침을 통해 선의 리더가 될 수 있는 것이 바로 선의 세계이다. 신수 대사 역시 깨달은 바가 있었으나 아직 완전한 깨달음에 이르지 못했다. 이를 안 5조 홍안 대사는 혜능에게 6대 조사를 잇게 한다.

이것만은 알아두자 1

– 연기

이것 있음에 말미암아 저것이 있고

이것 생김에 말미암아 저것이 생긴다.

이것 없음에 말미암아 저것이 없고

이것 멸함에 말미암아 저것이 멸한다.

– 불교의 오계

첫째, 살생하지 않는다. 둘째, 주지 않은 물건을 취하지 않는다. 셋째, 삿된 음행을 하지 않는다. 넷째, 거짓말을 하지 않는다. 다섯째, 술을 마시지 않는다.

– 육도

중생은 업보 때문에 생사의 사슬에 갇혀 삼계 육도 속에서 끊임없이 윤회하게 된다.

육도는 천도, 인도, 아수라도, 축생도, 아귀도, 지옥도로 나누어진다.

육도는 불교적 개념이라고 볼 수 있다.

– 육바라밀

보살은 마하반야바라밀다에 의존했다. 마하반야의 핵심은 공사상이
다. 모든 것이 비어있다는 뜻이다. 그리고 바라밀다가 있다. 바라밀다는
실천을 의미한다. 그래서 바라밀다는 육바라밀이라고 해서 여섯 가지로
정리가 가능하다.

육바라밀이란 이 세상, 즉 사바세계에서 저 세상인 열반을 향해 있는
언덕을 넘어가게 해주는 수단이다. 그 첫째는 보시이다. 탐욕과 기대감
없이 주고 베풀라는 것이다.

둘째는 지계이다. 계율을 지키라는 것이다.

셋째는 인욕이다. 악한 행동을 참으라는 뜻이다.

넷째는 정진이다. 바른 일을 위해 노력하는 것을 의미한다.

다섯째는 선정이다. 잡된 번뇌에 망상을 버리고 삼매에 드는 것이다.

여섯째는 지혜이다. 어둠을 밝히고 실상을 꿰뚫는 지혜를 갖는 것이다.

염불과 열반이란?

– 염불이란?

염이란 어떤 대상을 마음속에서 떠올리고 또 떠올리는 것을 말한다.

염불한다는 것은 마음에서 붓다처럼 깨닫기를 바란다는 것이다. 염불할 때 나무아미타불 관세음보살이라고 외치는 것은 붓다의 가르침대로 되기를 간절히 소원한다는 것이다. 나무는 산크리트어로 귀의한다는 뜻이다. 아미타불은 서방 정토인 극락을 관장하는 부처이다. 관세음보살은 대자대비의 마음으로 세상의 모든 소리를 살펴보는 보살이다. 나무아미타불 관세음보살은 극락의 피안으로 가고 대자다비를 받아 살기를 간절히 바란다는 뜻이다.

마음으로 붓다를 염한 사람의 얼굴에서는 붓다가 보인다. 선이 자력 수행이라면 염불은 아미타불이나 관세음보살에 의지하려 성불하려는 하나의 수행방법이다. 두 수행방법은 결국 하나이다.

– 염불과 시각화

염불이 무엇인지 알아보면서 염불이 현대의 자기계발이론인 시각화와 유사하다는 것을 깨달았다. 앞서 말한 것과 같이 염이란 어떤 대상을 마음속에서 떠올리고 또 떠올리는 것과 같다. 이는 원하는 것을 생생히 떠올린다는 시각화 기법과 같다. 그리고 나무아미타불 관세음보살이라고 외치는 것은 자신의 원하는 것을 소리 내어 말하는 말하기 시각화 기법과 일치한다는 것을 알 수 있다. 결국 염불이란 자신이 간절히 원하는 것을 이루기 위한 방법과 동일하다는 것을 알 수 있으며, 나무아미타불 관세음보살은 내세에 대한 기대를 담았으므로 현대의 시각화보다 포괄적이고 더 넓은 개념이라는 것을 알 수가 있다.

– 열반이란?

"사리불이여, 열반, 열반 하고 말하지만 대체 열반이란 무엇인가?"

"벗이여, 무릇 탐욕의 소멸, 노여움의 소멸, 어리석음의 소멸, 이것을 일컬어 열반이라고 한다."

"그렇다면 벗이여, 열반을 실현할 방법이 있는가? 거기로 가는 길이 있는가?"

"벗이여, 이 성스러운 팔정도야말로 그 열반을 실현하는 방법이다. 그것은 정견, 정사, 정어, 정업, 저명, 정정진, 정념, 정정이다."

불교인들이 실현코자 하는 이상은 열반이다. 붓다는 다음과 같은 말로 열반을 설명했다.

"이 인생은 괴로움으로 차 있다. 그것은 탐욕과 노여움과 어리석음 때문이다. 사람이 어리석어서 격정의 희롱하는 바가 되어 있는 까닭이다. 그래서 나는 그런 격정을 없애는 방법을 가르친 것이다. 이리하여 그 격정이 없어지고 보면 불안이니 괴로움이니 하는 것도 없어질 수밖에 없다. 그것은 마치 훨훨 타오르는 불도 그 땔감이 다하고 나면 꺼져버리는 것과 같다. 그것을 나는 열반이라고 하는 것이다."

나도 열반이 무엇인가에 대해 고민해 보았다. 열반이란 무엇일까? 내가 생각하기에는 내 욕심이 사라져 더 이상 바라는 것이 없고 자기라는 자아상도 사라져 무아의 지경에 빠진 상태를 열반이라고 하지 않나 싶다. 바라는 것도 없고 자기라는 인식도 없으면 그것은 그야말로 없는 상태나 마찬가지이기 때문이다.

– 열반과 반열반

열반은 정신적으로 번뇌, 욕망, 분노 등 탐진치가 소멸되어 열반을 이루었으나 아직 육체는 남아 있는 상태이다. 육체가 있는 한 배고픔 등의 최소한의 고통은 여전히 있다는 뜻이다.

반열반은 완전한 열반으로 정신적인 탐진치는 물론 육체까지 사라진 상태를 의미한다. 육체까지 사라져야만 모든 욕망과 고통으로부터 자유로울 수 있다는 것이다. 여기서 반열반을 흔히 말하는 절반의 열반이라고 오해하지 않도록 한다.

수행의 방법

– 정과 혜

정과 혜는 하나일 뿐 둘은 아니다. 정은 혜의 바탕이고 혜는 정의 작용이다. 지혜가 있을 때 선정이 지혜 속에 있고, 선정이 있을 때는 지혜가 선정 속에 있다. 만약 이 이치를 안다면 선정과 지혜를 평등하게 공부할 것이다.

정과 혜는 불교의 두 가지 수행법으로 잘 알려져 있다. 정혜는 '사마타와 위빠사나'라고도 한다. 정은 선정으로 마음의 분별과 번뇌 망상을 멈추고 어느 한 가지 대상에 집중함으로써 고요한 마음 삼매가 생겨난다. 혜는 지혜로써 있는 그대로를 있는 그대로 관찰하는 것을 말한다.

대부분 수행이나 명상의 전통에서는 선과 정을 개별적인 별도의 수행이라고 여긴다. 사마타 수행은 선정 수행이며 위빠사나는 보는 수행이라고 나누고 있다. 하지만 정과 혜는 다르지 않고 하나이다.

– 칠지 공양

티베트 불교에서는 일곱 가지 공양을 칠지 공양이라고 하여 중요하게 여긴다.

그 자세한 내용은 다음과 같다.

첫째, 절하는 일이다. 길을 갈 때도 불상이나 탑을 보고 절을 하는 마음으로 합장하면 이 또한 절하는 것이다.

둘째, 공양 올리기로써 복전에 공양 올려서 공덕의 씨앗을 뿌리자는 것이다.

셋째, 참회하기이다. 지혜로운 사람은 큰 죄를 지어도 바로 참회하여 그 과보가 가볍고 어리석은 사람은 작은 죄를 지어도 그 과보가 큰 것은 바로 참회할 줄 모르는 데에 원인이 있다.

넷째, 수희하기, 즉 따라서 기뻐하기이다. 만약 주변에서 공덕 쌓는 것을 볼 때마다 따라서 기뻐하면 참으로 큰 공양이 된다.

다섯째, 부처님이 법륜을 굴러주기를 권청하기이다. 부처님이 진리의 수레바퀴를 굴러주시어 모든 중생들이 감로의 법문을 들을 수 있기를 원하는 것이다.

여섯째, 부처님이 오래도록 열반에 드시지 말 것을 권청하는 것이다.

일곱째, 회향하기이다. 자기가 닦으나 선근 공덕을 모든 중생에게 돌리는 것이다. 회향하면 화내는 마음을 치료제로 삼아 깨달음의 세계로 나가게 된다.

– 사마타와 위빠사나

인도 불교의 전통적 수행법은 크게 사마타와 위빠사나로 구분될 수 있다. 사마타는 선정 및 삼매 수행 등을 포괄하는 수행법을 가리키는 것으로 평온이나 고요함을 목적으로 집중을 계발하는 수행법이다. 선정의 경지가 마음의 그치고 쉼, 고요히 그침, 적정을 가리키는 점에서 사마타라고 한다. 이에 반해 위빠사나는 무상-고-무아와 같이 존재의 실상을 통해 지혜를 계발하는 수행법이다.

사마타 수행은 갈애와 같은 정서적 번뇌를 제거하는데 탁월하고 위빠사나 수행은 무지를 제거하는데 탁월하다.

사마타 수행은 선정의 일종으로 인도 전통의 수행법이지만, 그 용어는 순수한 불교 용어다. 위빠사나는 인도에서 찾아볼 수 없는 불교 고유의 수행법으로 오늘날 남방 불교의 전통 수행법으로 전해져 오고 있다.

금강경과 불교

– 금강경

1. 불법의 평등

불법은 평등하며 위아래가 없다.

2. 이상무상

무릇 모든 상은 허망하다.

3. 돈오

한마음이 깨끗한 믿음을 일으킨다.

4. 자성 자도

정심으로 선을 행하며 제도함이 없이 스스로를 제도함.

– 금강경 독송하기

이경은 부처님의 최고의 깨달음, 지혜의 완성을 담고 있기 때문에 어디든지 이 경이 있는 곳이면 신, 인간, 아수라 등 모든 세상 존재들이 공양할 것이니라. 이곳은 곧 부처님의 유골을 모셔 놓은 탑이니 모두가 공경하여 절하고 주위를 돌며 아름다운 꽃과 향기를 뿌리게 된다. 고 부처님은 말씀하셨다. 부처님이 성취하신 최고의 깨달음과 지혜의 완성은 마음으로 증득한 것이니 부처님의 최고의 깨달음을 담은 이 금강경을 수지 독송하여 남을 위해 설해 준다면 그곳이 곧 부처님의 정신이 실천되는 곳이며 세존의 유골을 모셔 놓은 탑과 같아서 모든, 하늘, 사람, 아수라가 다 공경하고 예배한다는 것이다.

이것만은 알아두자 2

– 수행의 경지

나한(아라한)

소승 불교에 있어서 최고 수행의 경지로 이미 윤회의 고통에서 벗어났으나 그들 오직 스스로를 제도할 뿐이며 다른 이를 제도할 수 없다.

보살

보살은 대승불교에 있어 수행의 한경지이며 육바라밀을 수행하고 공부한다. 보살은 육도에서 벗어났지만 아직 부처는 아니며 중생을 교화하며 스스로 성불을 이룰 수 있다.

부처

부처는 신이 아니라 깨달은 사람이다. 이미 사물의 본질을 이해하고 있으며 객관적 조건에 속박을 당하지 않는다.

– 삼법인

1. 제행무상

2. 제법 무아

3. 열반적정

이것이 이른바 삼법인이다. 이것에 일체 개고를 더해 사법인이라고도
일컫는다.

– 탑

절에 가면 탑을 볼 수 있다. 어릴 때 경주로 수학여행을 갔을 때 다보탑
과 석가탑을 본 적이 있다. 그때는 절의 탑이 예술성이 높다고만 배웠던
것 같은데 생각해보니 왜 절에 탑이 있는지에 대해 의문을 가져본 적이
없는 것 같다. 하지만 이번에 책을 읽어가면서 왜 절에 탑을 세우는지 알
게 되었다. 붓다가 죽은 뒤 유골을 8개로 나누어 8개의 탑에 안치했다고
한다. 그리고 그 탑을 기리는 것은 붓다를 기리는 것과 똑같이 여겼던 것
이다.

– 번뇌

번뇌는 빨리어로 끼레사라고 하는데 해탈, 열반, 깨달음의 길을 방해하
는 가장 큰 걸림돌이다. 108번뇌라는 말도 있듯이 108가지 번뇌가 있다.

일반적으로 육근, 육경을 대상으로 각각 호(좋음), 오(나쁨), 평등(좋지

도 나쁘지도 않음)의 세 가지를 일으키므로 12×3=36번뇌, 여기에 과거, 현재, 미래 3세를 곱하면 108번뇌가 된다.

불교는 어떻게 이루어졌는가?

– 불교 교단과 경전의 성리

붓다는 깨달음을 얻은 후 녹야원에서 처음으로 가르침을 설했다. 가르침을 들은 교진여를 비롯한 다섯 명의 수행자들은 붓다의 첫 제자가 되었는데, 이것이 불교 교단의 시초이다. 그 후 붓다의 가르침을 듣고 집을 나와 수행하는 출가자와 집에서 수행하는 재가자가 점점 늘어났다.

출가자와 재가자는 각각 성별을 나누어 사부대중으로 구분한다. 출가해서 구족계를 받은 남자 승려를 비구, 출가해서 구족계를 받은 여자 승려는 비구니, 출가하지 않고 재가에서 붓다의 가르침을 따르는 남자 신도는 우바새, 재가 여자 신도는 우바이라고 한다. 필자의 경우 출가하지 않고 재가에서 붓다의 가르침을 따르고 있으니 우바새라고 할 수 있겠다.

– 소승불교와 대승불교

불교는 소승불교와 대승불교로 나뉜다. 어려운 개념이 아니니 이번 기회에 알아두자. 소승불교는 작은 탈것이라는 뜻으로 자신의 수행과 해탈을 목표로 하는 불교를 의미한다. 대승불교는 큰 탈것을 말하는 것으로 보살이라는 개념이 있다. 보살은 자신과 다른 사람까지 해탈시키는 존재이다. 소승불교보다 대승불교가 좋아 보이지만 두 개의 우월이 있는 것은 아니다. 단지 불교 수행의 다른 방법 중의 하나라고 생각하는 게 좋다.

소승 불교의 수행자에게는 네 가지 단계가 있다. 수다원, 사다함, 아나함, 아라한의 단계이다.

먼저 수다원은 세속을 떠나 성인의 흐름에 들었다는 의미이다. 사다함은 한번 다시 돌아오는 자라고 하며 아나함은 돌아오지 않는 자라고 한다. 사다함은 감각적인 탐욕과 나쁜 의지가 엷어진 상태이며, 아나함은 아주 없앤 단계이다. 수다원은 일곱 번 생을 살아야 아라한 도에 이를 수 있고, 사다함은 한번 다시 태어나야 아라한 도를 얻을 수 있다.

아나함은 다시 속세로 돌아가지 않는다. 소승의 최고 단계인 아라한은 형상의 세계에 한 욕망에서 벗어난 단계이다. 붓다의 제자 중 아라한에 이른 자는 가섭 존자, 사리불 존자, 목건련 존자, 우바리 존자, 아난 존자 등이다.

붓다에게 배우는 독서 삼매경

나는 책 읽는 것을 좋아한다. 책을 좋아하다 보니 여러 가지 독서법도 많이 안다. 빠르게 읽는 속독이 있다. 이것은 깊은 명상을 하는 것과 같다고 한다. 나는 독서에 부처님의 가르침을 활용할 수 있을지 고민했다. 그때 내 머리에 스친 생각이 있었다.

"그렇지. 독서 삼매경."

어렸을 때부터 들었던 용어인데 오랜 기간 잊고 있었다. 삼매는 불교 용어인데 어느 한 곳에 정신을 집중하는 상태를 의미한다. 이는 명상으로도 얻을 수 있지만 일상에서 쉽게 이 경지에 오르는 법은 독서를 하는 것이다. 우리가 차분히 독서를 할 때 독서에 몰입하면 참선을 할 때와 비슷한 상태에 이른다고 한다. 책에만 몰입하여 책에만 몰두하는 것을 의미하는데 이를 독서 삼매경이라고 한다. 불교의 명상이나 참선이 어렵다면 책에 집중하여 읽어보라. 그러면 저절로 삼매의 경지를 깨닫게 될 것이다.

독서 삼매경에 빠지는 것은 일상 속에서 쉽게 경험할 수 있는 일이다. 학창 시절 밤새가며 삼국지와 여러 만화책을 읽었던 기억이 난다. 날이 새는지도 모르고 밤새도록 읽었던 경험, 그것이야말로 독서 삼매경의 경지이다. 독서 삼매경에 빠지면 졸리는지도 배고픈지도 모르고 오로지 책에만 집중한다. 삼매에 빠지면 모든 것을 잊고 명상에만 빠져서 집중하게 되는 것이다.

8
장

불교 경전을
말해주마 -1

불교 경전 파헤치기

불교에 대해 많이 안다고 생각했고 불교를 우습게 여겼는데 이번에 책을 내며 공부하면서 깨달은 점이 많았다. 여러 경전들이 굉장히 많았고 그들 경전은 매우 읽기 어려웠다. 도서관에서 머리를 싸매면서 읽어가며 최대한 내가 쉽게 독자님들에게 전달해야겠다는 마음을 다졌다. 어려웠던 것은 열반경이었다. 대승 불경의 하나인 열반경은 어려운 용어와 서술로 인해 읽는 데 많은 어려움을 겪었다. 그에 비해 쉽게 읽을 수 있는 것들도 많았다. 대개 짧은 이야기 속에 지혜가 남긴 불교 설화 같은 것들이었다.

불교 경전은 숨겨진 보배이다. 성경 음악에는 "주 안에 있는 보배를 나는 포기할 수 없네."라는 가사가 들어간 노래가 있다. 마찬가지로 나는 불법 안에 있는 보배를 포기할 수 없다. 포기할 수 없는 것뿐만 아니라 보배들을 발견해 다른 사람에게 알려주고 권하고 싶다. 종교를 강요하는 것만큼 곤혹스러운 일도 없지만 불교의 가르침이 누구에게나 환영받을 만한 행복을 가져다주는 것이라는 것을 잘 알고 있기 때문이다.

초기 경전 – 숫타니파타

지금은 1인 가구가 많고 앞으로도 많아질 전망이다. 이런 1인 가구들이 알면 좋은 불교 경전의 말이 있다. 숫타니파타라고 불리는 불교 초기 경전인데 무소의 뿔이라는 주제로 사람들이 가야 할 방향을 일러준다. 그 일부를 옮기면 다음과 같다.

"모든 살아 있는 것들에게 폭력을 쓰지 말고, 살아 있는 그 어느 것도 괴롭히지 말며, 또 자녀를 갖고자 하지도 말라. 하물며 친구이랴. 무소의 뿔처럼 혼자서 가라."

20~30대 젊은이를 포함해 전 가구 층에서 홀로 사는 인구들이 많아진다. 젊은이들도 결혼하지 않고 홀로 살고 노인들도 1인 가구가 많다. 그런 면에서 그들은 고독과 쓸쓸함, 또는 외로움을 느낄 가능성이 많다는 뜻이다. 하지만 불법에 의지한다면 이런 외로움을 조금은 덜 수 있지 않을까 싶다. 붓다는 아내와 아이들, 가족들을 모두 버리고 홀로 출가한 사람이다. 때때로 스며드는 외로움과 고독감을 그가 어떻게 이겨내었는지는 모른다. 하지만 결국 그는 혼자만의 힘으로 모든 정신적 괴로움을 이겨내고 가장 큰 행복의 자리를 차지하였다. 그는 말한다. '오히려 혼자이기에 진정으로 자유로울 수 있고, 행복할 수 있다.'는 것이다. 자녀를 갖

지도 말고 친구도 갖지 말고 혼자서 가라고 한다. 홀로 사는 게 쓸쓸한 1인 가구의 사람들에게는 진정한 위로를 주는 말인 것 같다. 이처럼 붓다는 홀로 사는 사람들에게 위로와 사랑을 전하고 있다. 그들도 노력한다면 가장 큰 행복을 얻을 수 있고 그것은 혼자여야만 가능하다는 것이 그들에게 큰 희망을 주는 것이다.

사실 진정한 자유는 혼자일 때만이 가능하다. 같이 있게 되면 진정한 자유는 불가능하다. 때로는 속박이 그리울 수도 있겠지만 이왕지사 혼자 사는 것, 붓다의 가르침에 의지해 만족하며 살아보자. 즐겁게 살다 보면 짝이 생길 수도 있을 것이고, 혼자 살든 둘이 살든 잘 살 수 있을 것이다.

숫타니파타의 지혜 – 혼자 사는 사람들을 위해서

사귐이 깊어지면 애착이 생기고
애착이 있으면 고통의 그림자가 따르나니
애착에서 근심이 생기는 줄 알고
무소의 뿔처럼 혼자서 가라.

친구나 주위 사람들을 너무 좋아하여
마음이 그에게 얽매이면

유익함을 잃나니

사귐에서 오는 부작용을 살펴

무소의 뿔처럼 혼자서 가라.

묶이지 않는 사슴이

숲속에서 먹이를 찾아 이러 저리 다니듯이

지혜로운 이는 자유로운 삶을 찾아

무소의 뿔처럼 혼자서 가라.

능가경

– 언어는 깨달음을 가리키는 손가락

부처님께서 말씀하셨다.

"대혜야, 나와 모든 부처님께서 깨달은 진여와 변하지 않은 본성도 이와 같다. 그래서 처음 성불해서 열반에 이르기까지 그 중간에 한자도 설하지 않고, 이미 설하지도 않았고, 앞으로도 설하지 않는다."

세존께서 거듭 게송으로 말씀하셨다.

"어느 날 밤 정각을 이루고 어느 날 밤 반열반할 때까지 그 중간에 나는 전혀 설한 게 없다."

대승입 능가경 제4권 속 이야기이다.

대승입 능가경 제5권에서는 "어리석은 자는 손가락으로 달을 가리키면 달을 보지 않고 손가락만 보듯이 문자에 집착하여 분별하는 자는 나의 진실을 보지 못한다."고 말한다.

불교에서는 불립 문자를 내세운다. 깨달음이란 언어로써는 도저히 전할 수 없는 그 무언가라는 것이다. 그런 면에서 여러 경전들은 진리를 가리키는 손가락이다. 진리를 바라보아야지 그 손가락을 바라보아서는 안 된다는 의미이다. 이 비유는 사실 여러 책에서 쓰이기에 어디서 한 번쯤은 들어보았을 것이다. '달을 보아야지 손가락을 보아서는 안 된다.'고 하는 말이다. 부처님 역시 설법을 하였지만 이는 달을 가리키는 손가락에 불과했다. 진정으로 붓다의 가르침을 깨달으려면 자기 본성을 바라보고 마음으로 깨닫는 수밖에 없다.

금강경

금강경은 붓다의 노년기에 설해진 법을 정리한 것이다. 중요한 진리를 담고 있기에 여기에서 소개하고자 한다.

부처님께서 수보리에게 말씀하셨다.

"수보리야 어떤 선남자와 선 여인이 갠지스 강의 수많은 모래 같이 많은 삼천 대천 세계에 칠보를 가득히 채워서 보시한다면 그 복덕이 많겠느냐?"

수보리가 대답하였다.

"매우 많겠습니다. 세존이시여."

부처님께서 수보리에게 말씀하셨다.

"만일 어떤 선남자와 선 여인이 이 경의 사구계 만이라도 받아 지니고 다른 사람에게 설명해 주면 그 복덕은 앞에서 칠보로 보시한 복덕보다 더 뛰어나다."

– 금강의 사구계는 다음과 같다.

1. 무릇 온갖 상은 모두 허망하니 만약 모든 상이 상아님을 보면 곧 여래를 보리라.

2. 마땅히 색에 머물러서 마음을 내지 말며 마땅히 성향 미촉법에 머물

러서 마음을 내지 말며, 머무는 바 없이 그 마음을 내라.

3. 만약 형상으로 나를 보려거나 음성으로 나를 찾으려 하면 이 사람은 삿된 도를 행함이어서 여래를 보지 못하리라.

4. 일체 유위법은 꿈과 같고, 허깨비와 같고, 물거품과 같고, 그림자와 같고, 이슬과 같고, 번개와 같으니 마땅히 이와 같이 관하여라.

불교에서는 변화만이 진리라고 한다. 모든 것은 변화한다. 그것이 진리인 것이다. 그래서 모든 상을 상아님으로 보라는 것이다. 불교에서는 앞서 말한 것과 같이 보시를 굉장히 중요시한다. 하지만 그 보시보다 더 공덕이 큰 것이 바로 금강경의 네 가지 글귀를 사람들에게 가르치는 것이라고 한다. 그 가르침의 공덕이 보시를 직접 하는 것보다 더 귀하다는 것이다.

그런 면에서 불교인들도 진리를 다른 사람에게 알려야 한다. 그 알림의 가치는 정말로 크기 때문이다. 대부분의 사람들이 탐진치의 삼독에 빠져 인생을 괴롭게 보낸다. 스스로 즐겁게 보낸다고 생각하지만 괴로움을 헤매는 경우가 더 많다. 그렇기에 이런 고통을 줄이는 진리를 알려주는 것은 값진 일인 것이다.

사실 내가 이 책을 쓴 것도 금강경 때문이다. 책을 내는 것도 내 욕심이 아닌가 하는 생각이 들었다. 차라리 책을 내지 않고 청정한 삶을 사는 게 옳을 것이다. 하지만 금강경의 내용을 내가 조금이나마 다른 사람에게 알릴 수 있다면 큰 덕을 쌓는 것이라는 것을 알았기에 이 책을 써서 금강경과 다른 불경의 내용들을 알리려고 한다. 내가 다른 사람에게 조금이나마 불교의 일부분을 알릴 수 있다면 이 책의 내용도 괜한 헛수고는 아닐 것이다.

– 금강경의 가치

금강경은 수지 독송하는 공덕을 강조한다. 갠지스 모래와 같은 수의 몸을 던져 하루의 세 번씩 백천 만억겁 동안을 몸으로 보시한다 해도 그런 복덕보다 이경을 듣고 믿는 마음이 거슬리지 않는 복이 더 많은데 하물며 이 경을 받아 지니고 독송하고 남을 위하여 설해주는 복이야 말할 것 있느냐는 것이다.

경을 읽고 베껴 쓰며 남을 위해 설해주는 공덕이 몸을 수없이 보시하는 공덕보다 크며, 경을 읽는 곳에는 모든 하늘, 사람 아수라 등이 절하고 꽃과 향을 뿌린다고 하였다. 경을 받들어 지니는 공덕이 그만큼 크다는 것이다.

대반열반경

선근의 근본, 사무량심. 아래는 대반열반경 제14경 범행품 속의 이야기이다.

선남자야, 보살의 사무량심은 진실한 사유이다.

선남자야, 어찌하여 진실한 사유라고 하는가? 모든 번뇌를 끊어버리기 때문이다.

선남자야, 살아 있는 것들이 다 안락하기를 바라는 마음을 닦는 자는 탐욕이 끊어진다.

살아 있는 것들이 다 고뇌에서 벗어나기를 바라는 마음을 닦는 자는 성냄이 끊어진다.

남이 즐거워하면 함께 기뻐하는 마음을 닦는 자는 즐겁지 않음이 끊어진다.

남을 평온하게 대하는 마음을 닦는 자는 탐욕과 성냄과 중생이라는 생각이 끊어진다.

그래서 진실한 사유라고 한다.

선남자야 보살마하살의 사무량심이 모든 선근의 근본이다.

법화경

– 무명을 밝히는 일곱 가지 비유

법화경에는 일곱 가지 비유가 있는데 이를 법화 7유라고 한다.

1. 화택유

비유품의 비유이다.

한부호가 집에 불이 났는데 노는데 정신이 팔려 그 집에서 빠져나오지 않는 아이들에게 양거, 녹거, 우거로 유인하여 그들이 나오자 보배로 된 수레를 준다.

부호는 부처를 상징하고, 불타는 집은 탐욕과 의혹이 들끓는 세계, 아이들은 중생, 세수레는 삼승을, 보배로 장식된 수레는 일승을 상징한다.

※일승: 부처님께서 우리를 위하여 여러 가지 교법을 설해 주셨지만 궁극적으로는 오직 하나라는 말이다. 즉 모든 중생들이 성불해야 한다는 대전제 아래에서 부처님의 가르침은 오직 하나뿐이라는 입장이다.

※삼승: 중생들의 근기가 각기 다르기 때문에 성문, 연각, 보살의 가르침으로 깨달음에 이르게 해야 한다는 입장이다. 성문에게는 4성제의 가르침이, 연각에게는 12인연법이, 보살에게는 육바라밀이 보다 진실한 가르침이다.

2. 궁자유

신해품의 비유이다. 원래 부호의 아들이었으나 어릴 때부터 방랑하여 자신의 신분도 모르고 가난하게 살아온 아들을 그 부호가 찾아내어 부호가 그가 자신의 아들임을 밝히고 재산을 물려준다는 내용이다. 부호는 부처이며 가난한 아들은 성문을 재산은 보살을 상징한다.

3. 약초유

약초유품의 비유이다. 약초는 같은 비를 맞아도 크기와 종류에 따라 다르게 자라듯 부처는 중생의 능력과 소질에 따라 여러 비유와 방편으로 설하지만 부처의 유일한 가르침은 보살행을 닦아 성불하라는 것이라는 내용이다.

4. 화성유

화성 유품의 비유이다. 보물을 찾기 위해 멀고 험난한 길을 가던 무리들이 도중에 힘들고 지쳐 돌아가려 하므로 길잡이가 신통력으로 성 한 채를 만들어 무리들을 쉬게 한 다음 다시 길을 떠난다는 내용이다. 보물은 일승에 의한 성불을 상징하고 길잡이는 부처, 신통력으로 만든 성 한 채는 방편을 상징한다.

5. 의주유

오백 제자 수기품의 비유이다. 가난한 자가 친구 집에 갔다가 술에 취해 자고 있는데 친구가 그의 옷 속에 보석을 매달아 주고 볼 일이 있어 밖으로 나갔는데, 그 사실을 모르는 그는 술이 깨자 그 집을 나와 방황하면서 음식을 구하느라 갖은 고생을 했다.

훗날 우연히 만난 친구는 그의 초라한 행색을 보고 옷 속에 보석을 매달아 주었던 사실을 말한다는 내용이다. 가난한 자는 중생을 상징하고 친구는 부처를 보석은 부처의 지혜를 상징한다.

6. 계주유

안락 행품의 비유이다. 전륜성왕이 전쟁에서 공을 세운 군사들에게 갖가지 상을 주는데 자신의 상투 속에 간직한 빛나는 구슬만은 좀처럼 주지 않다가, 아주 뛰어난 공을 세운 자에게 준다는 내용이다. 전륜성왕은 부처를 상징하고, 갖가지 상은 여러 가르침과 방편을, 뛰어난 공을 세운 자는 위대한 수행자를 빛나는 구슬은 법화경의 가르침을 상징한다.

7. 의자유

여래 수량품의 비유이다. 훌륭한 의사의 자식들이 실수로 독약을 먹고 정신에 이상이 생겼는데 아버지가 곧 좋은 약으로 자식들에게 주었다. 증세가 약한 자식들은 그 약을 먹었으나 증세가 심한 자식들은 그 약을 좋지 않은 것으로 여기고 먹지 않으므로 아버지는 충격 요법으로 먼 곳에 가서 거짓으로 죽은 체한 다음에 심부름꾼을 보내 자식들에게 자신의 죽음을 알리게 하니 증세가 심한 자식들이 그 소식을 듣고 약을 먹고 회복했다는 내용이다. 의사는 부처를 상징하고, 독약을 먹은 자식들은 번뇌에 사로잡힌 중생을, 약은 부처의 가르침을, 의사의 거짓 죽음은 방편을 상징한다.

아미타경

대부분의 경들이 제자들의 간청으로 설하거나 제자들과의 문답으로 이루어지는 것에 반해 이 경은 세존이 사리불에게 설했다.

내용은 극락정토와 아미타불에 대해 설하고 그 정토에 태어나는 길은 아미타불을 염불하는 데 있다고 설한다. 만약 어떤 사람이 아미타불의 이름을 듣고 한마음으로 염불하면 그 사람은 죽음을 맞이할 때 아미타불의 영접을 받아 극락에 태어난다는 정토 신앙이다.

– 온갖 즐거움이 가득한 극락

부처님이 장로 사리불에게 말씀하셨다.

"여기에서 10만억불국토를 지나 극락이라는 세계가 있다. 그 국토에는 부처님이 계시는데 아미타불이라고 하고 지금도 설법하고 계신다.”

“사리불아, 그 국토를 왜 극락이라고 하는가? 그 나라 중생들은 어떤 괴로움도 없고 온갖 즐거움을 누리므로 극락이라고 한다.”

– 시방 세계를 비추는 아미타불

“사리불아, 너는 저 부처님을 왜 아미타불이라고 부른다고 생각하느냐?”

“사리불아, 저 부처님은 광명이 한량없어 시방세계를 모두 비추어도 걸림 없다. 그래서 아미타불이라고 한다. 또 사리불아 저 부처님의 수명과 그 나라 사람들의 수명은 한량없고 끝없는 아승 기겁이다. 그래서 아미타불이라고 한다. 사리불아, 아미타불이 성불한 이래 지금까지 10겁이 되었다.”

– 믿음으로 발원하라

“사리불아, 선남자, 선여인이 아미타불에 대한 말을 듣고 그 이름을 마음에 깊이 새겨 하루나 이틀, 혹은 사흘, 나흘 닷새, 엿새 이레 동안 흐트러지지 않고 한결같은 마음으로 생각하면 그 사람의 수명이 다할 때 아미타불이 제자들과 함께 그 사람 앞에 나타나신다. 그 사람은 죽을 때에도 마음이 흔들리지 않고 바로 아미타불의 극락정토에 태어나게 된다.”

“사리불아, 나는 이런 이익을 보고 있기 때문에 이런 말을 하는 것이다.

어떤 중생이 이 말을 듣는다면 저 국토에 태어나기를 발원해야 한다."

"사리불아, 어떤 사람이 이미 발원했거나 지금 발원하거나 장차 발원하여 아미타불 국토에 태어나려고 한다면 이 사람들은 모두 아뇩다라 삼먁삼보리에서 물러나지 않는 경지를 얻어 저 국토에 이미 태어났거나 지금 태어나거나 장차 태어날 것이다. 그러므로 사리불아, 선남자 선여인으로서 믿음이 있는 이는 반드시 저 국토에서 태어나기를 발원해야 한다."

잡보 잠경

유리하다고 교만하지 말고

불리하다고 비굴하지 말라.

무엇을 들었다고 쉽게 행동하지 말고

그것이 사실인지 깊이 생각하여

이치가 명확할 때 과감히 행동하라.

벙어리처럼 침묵하고, 임금처럼 말하며

눈처럼 냉정하고 불처럼 뜨거워라.

태산 같은 높은 자부심을 갖고

누운 풀처럼 자신을 낮추어라.

역경을 참아 이겨내고

형편이 잘 풀릴 때를 조심해라.

재물을 오물처럼 볼 줄도 알고

터지는 분노를 잘 다스려라.

때로는 마음껏 풍류를 즐기고

사슴처럼 두려워 할 줄 알고

호랑이처럼 용맹할 줄 아는 것이

무릇 지혜로운 이의 삶이니라.

이 글귀는 임용 시험을 준비 중일 때 강사분께서 들려주던 글귀이다. 그때는 이게 불교의 잡보잠경에서 나온 글이란 것을 몰랐다. 무슨 뜻인지 잘 이해되지는 않았지만 '벙어리처럼 침묵하고, 임금처럼 말하며 눈처럼 냉정하고 불처럼 뜨거워라.'라는 구절이 마음에 남았던 것 같다. 자신을 가다듬고 자기 관리를 하는 데 많은 도움이 되는 글귀가 아닌가 싶다. 공부나 일을 할 때 출력해서 책상 앞에 붙여 놓아도 좋은 글귀 같다.

9장

불교 경전을
말해주마 - 2

승만경

승만은 사위국의 왕과 왕비의 딸로 아유타국 우칭왕에게 시집간 여인이다. 승만의 부모는 불교에 귀의하고 딸에게 이를 알리니 딸도 기뻐해 세존을 뵙고 예배하니 세존은 그녀에게 성불하리라고 한다. 이에 그녀는 성불할 때까지 깨뜨리지 않을 열 가지 서원을 세운다.

첫째, 계율을 깨뜨리지 않겠다. 둘째, 교만한 마음을 내지 않겠다. 셋째, 성내지 않겠다. 넷째, 남의 외모나 재산에 대해 질투하지 않겠다. 다섯째, 내가 소유하고 있는 것을 아끼지 않겠다. 여섯째, 나 자신을 위해 재산을 모으지 않겠다. 일곱째, 남에게 가르침이나 재물을 베풀고 부드럽고 온화한 말을 하며 서로 고락을 같이하겠다. 여덟째, 의지할 데 없는 사람, 어려움을 당하고 있는 사람을 보면 언제든지 구하겠다. 아홉째, 짐승을 사냥하거나 계율을 지키지 않는 사람을 보면 그냥 지나치지 않겠다. 열째, 바른 가르침을 잘 지키고 그것을 잊어버리지 않겠다. 그녀는 열 가지 서원을 세운 다음, 그것을 세 가지로 요약했다.

─ 세 가지 큰 서원

그때 승만이 부처님 앞에서 다시 세 가지 큰 서원을 말했다.

"이 진실한 서원으로 한량없는 중생을 편안케 하겠습니다. 이 선근으로 어느 생에서든지 바른 가르침에 대한 지혜를 얻겠습니다. 이것이 첫 번째 큰 서원입니다.

제가 바른 가르침에 대한 지혜를 얻고 나서는 싫증 내지 않고 중생에게 그것을 설하겠습니다. 이것이 두 번째 큰 서원입니다.

제가 바른 가르침을 받아들여 간직하고는 몸과 목숨과 재물을 버려서라도 그것을 보호하겠습니다. 이것이 세 번째 큰 서원입니다."

부모은중경

이 경에서는 부모의 은혜를 열 가지로 설한다.

아이를 잉태하여 지키고 보호해주신 은혜, 낳으실 때 고통을 받으신 은혜, 아이를 낳고서 그 고통을 잊으신 은혜, 입에 쓴 것은 삼키고 단 것은 뱉어서 먹이신 은혜, 마른자리에 아이를 뉘고 자신은 젖은 자리에 누운 은혜, 젖을 먹여 기르신 은혜, 더러움을 깨끗이 씻어주신 은혜, 먼 길 떠난 자식을 염려해주신 은혜, 자식을 위해 나쁜 일도 마다하지 않은 은혜, 생을 마칠 때까지 자식을 사랑하신 은혜이다.

부처님은 제자들에게 말씀하셨다.

"부모의 은혜를 갚으려면 부모를 위해 이 경을 베껴 쓰고 부모를 위해 이경을 독송하고, 부모를 위해 죄와 허물을 참회하고 부모를 위해 3보에 공양하고, 부모를 위해 재계를 받아 지니고 부모를 위해 보시하고 복을 지어야 한다."

불교에서는 부모의 은혜를 특히 강조한다. 스님들은 절로 들어갈 때 부모와의 인연을 끊는다. 하지만 부모은중경에서 알 수 있듯이 가장 부모의 은혜를 크게 강조하는 것은 아마 종교 중에는 불교가 아닌가 싶다. 만백성을 위해서 큰 뜻과 자비를 펼치는 부처가 되는 것 그것보다 더 큰 효도는 없을 것이다. 당장은 사사로운 정을 끊는 것에 아쉬울 수는 있지만 더 큰 목표를 향해 절을 향해 들어가는 스님들이기 때문에 부모도 그 마음을 이해할 것이라고 믿는다.

법구경

법구경에서는 게으르지 말라는 말이 거듭해서 나온다. 게으르지 않고 수행에 집중할 때 깨달음에 이를 수 있다는 것이다. 붓다 역시 입적 전에 정진하라는 말을 권했다. 불교에서는 게으름을 나태함으로 받아들이고 엄격하게 규율한다. 물론 중도의 방법을 사용하여 무리하는 것은 좋지 않지만 그렇다고 해서 태만하게 사는 것은 용납하지 않는다. 부지런

히 수행해 나갈 때 진정한 깨달음에 이를 수 있다는 것이 석가모니 부처
와 그 이후의 부처들의 공통된 의견이다.

법구경에는 부지런함을 강조하는 구절이 많다.

부지런함은 죽음이 없는 길
게으름은 죽음의 길
부지런한 이들은 죽지 않고
게으른 자들은 죽은 자와 같다.

슬기로운 이들은 부지런함의 효율에 관해
명확하게 알고 나서
부지런함을 즐겨
성인들의 경지로 집중한다.

집중적이고 끈기 있게 늘 정진하는
슬기로운 그들은
묶임에서 벗어나
더할 데 없는 평온한 열반에 이른다.

어리석고 지혜가 모자란 자들은

게으름에 빠진다.

슬기로운 이는

부지런함을 최고의 보물로 지킨다.

게으름에도 감각 쾌락을 즐기는 것에도

빠지지 말라.

부지런히 참선하는 이는

반드시 커다란 즐거움을 얻는다.

법구경에서는 또한 실천의 중요성을 말한다. 다음은 실천을 중시한 법구경의 구절이다.

아름답지만 향기 없는 꽃이 이익이 없듯이

아무리 훌륭한 가르침도

실천하지 않으면 아무 이익이 없다.

아름다우면서 향기로운 꽃이 많은 이익을 주듯

잘 설해진 훌륭한 가르침도

따르고 실천해야만 많은 이익이 있다.

앞에서도 말했지만 불교는 단지 머리로만 아는 것으로는 안 된다. 모든 종교가 그렇겠지만 스승의 말을 실천해야만 진정한 깨달음을 얻을 수 있다. 말로만 떠들지 말고 이제부터 실천을 하자. 사실 이것은 종교뿐만 아니다. 우리 일상, 독서, 우정, 사랑, 그리고 일터 등 모든 영역에서 마찬가지이다. 말로만 떠드는 것은 누구나 할 수 있다. 중요한 것은 바로 실천에 옮기는 것이다.

우란분경

선남자 선여인아, 불제자로서 효성이 있는 이는 어느 때나 항상 지금 살아 있는 부모와 돌아가신 7대 부모를 생각해서 공양하여라. 특히 해마다 7월 15일에는 살아 있는 부모와 돌아가신 7대 부모에게 효도하는 마음으로 우란분재를 마련해서 부처님과 승려들에게 공양하여 나를 낳아 길러 주신 부모의 자비로운 은혜에 보답하여라. 모든 불제자들은 이 가르침을 잘 받들어 지녀야 한다.

불교에서는 부모 말고도 돌아가신 7대 부모에게까지 공양을 하라고 한다. 그 공양의 방법은 부처님과 승려들에게 하는 것이다. 이는 부처님의 사상이 유교적인 것과 상반되지는 않는다는 것을 보여준다. 불교 역시 조상들의 소중함을 잘 이해하고 그 공양하는 것을 실천했던 것이다.

지장경

부처님이 문수사리에게 말씀하셨다.

"문수사리야, 지장보살 마하살은 말할 수도 없는 오랜 겁 이전에 어떤 장자의 아들로 태어났다. 그때 부처님의 이름은 사자분신 구족 만행 여래였다. 장자의 아들은 부처님의 모습이 천 가지 복으로 장엄되어 있는 것을 보고 그 부처님께 여쭈었다."

"어떤 수행과 서원을 해야 이런 모습을 갖출 수 있습니까?"

"사자분신 구족 만행 여래가 장자의 아들에게 말씀하셨다."

"이런 몸을 얻고자 하면 오랫동안 온갖 고통을 받고 있는 중생들을 구제해야 한다."

"문수사리야, 그때 장자의 아들이 서원을 세웠다."

"저는 지금부터 미래세에 헤아릴 수 없는 겁이 다하도록 죄업으로 고통받는 6도 중생들에게 널리 방편을 베풀어 다 해탈시키고 나서 저 자신도 불도를 이루겠습니다."

"그 부처님 앞에서 이런 큰 서원을 세우고 그때부터 오랜 겁 동안 보살행을 닦았다."

– 지장권 상권. 도리천궁 신통품

그때 세존께서 보광보살과 비구비구니 우바새 우바이에게 말씀하셨다.

"내가 너희들에게 지장보살이 인간과 천상을 이롭게 하는 복덕에 대해 간략히 말하겠으니 잘 들어라."

보광 보살이 말했다.

"예, 세존이시여, 흔쾌히 듣겠습니다."

부처님이 말씀하셨다.

"미래세에 선남자 선여인이 이 지장보살의 이름을 듣고 합장허거나 찬탄하는 이, 예배하는 이 연모하는 이는 30겁 동안 지은 죄에서 벗어날 것이다.

보광아, 선남자, 선여인이 이 보살의 형상을 고운 빛깔로 그리거나 흙, 돌, 아교, 옻나무, 금, 은, 동, 철로 이 보살의 형상을 만들어 한 번만이라도 바라보거나 예배하면 이 사람은 100번이나 33천에 태어나고 영원히 악도에 떨어지지 않을 것이다."

– 지장경, 상권, 여래찬탄품

부처님이 게송으로 말씀하셨다.

"최상의 깨달음을 구하거나 3계의 고통에서 벗어나려는 이는 대비심을 내어 지장보살상에 예배하면 온갖 소원 속히 성취되고 업장이 끊겨져 영영 없어지리라."

대학교 시절 어느 여름날 산에 오른 적이 있다. 그때는 이유 없이 인생에 대한 괴로움으로 힘겨웠던 시절이었다. 문득 내 머릿속에 지장보살이라는 단어가 떠올랐다. 지장보살이 뭔지도 몰랐는데 왜 그게 떠올랐을까. 나는 지장보살에 관한 책을 우연히 손에 넣게 되었다. 지장보살이란 해탈할 수 있음에도 불구하고 속세에 남아 고통받는 사람들을 도와주는 보살님이라는 것을 알게 되었다. 나는 그때 분명 지장보살님의 도움을 받았다. 지장보살님이 나를 도와주셨다는 느낌을 강하게 받았다. 그 이후 나는 괴로움에서 많이 벗어났고, 지장보살님에 대한 감사함을 평생 안고 살아가고 있다.

화엄경

화엄경에서는 사람의 마음이 곧 자비의 그릇이라고 한다.

"자애는 나로부터 시작해서 세상으로 번져나가는 것이다."
자애는 나를 사랑하는 것부터 시작된다. 자신을 괴롭히는 자애는 있을 수 없다. 그런 면에서 나는 자애를 하지 못했다. 내가 특히 나를 괴롭혔던 것은 수능을 공부하던 때였다. 나는 나 자신을 몰아세우며 극한의 고통까지 이르도록 공부를 했다. 그 길이 옳은 줄 알았다. 결과는 좋지 않았다. 몸만 상했을 뿐 아니라 성적도 좋지 못했다. 그때 부처님의 지혜를 미리 배워 중도의 가르침으로 공부를 했더라면 몸도 상하지 않고 더 좋은 성적을 낼 수 있었을 텐데 하는 아쉬움이 남는다.

붓다가 말하는 자애는 다른 사람을 행복하게 한다고 하여 자기나 자기 가족, 자기 팀원들을 불행에 빠뜨리지 않는다.

반야심경

반야심경은 가장 짧은 경전이다. 260자로 모든 것을 설명하고 있기에 이 책에 그 원문 전부를 담는다.

"관자재보살이 반야 바라밀다를 깊이 행할 때에 오온이 공함을 비추어 보고 고통과 액운을 넘어서게 된다.

사리자여, 색이 공과 다르지 않고 공이 색과 다르지 않으며 색이 곧 공이요, 공이 곧 색이니 수, 상, 행, 식도 그러하다.

사리자여 모든 법은 공하여 생겨나지도 않고 사라지지도 않으며 더럽지도 깨끗하지도 않고 늘지도 줄지도 않는다. 그러므로 공 가운데는 색이 없고 수, 상, 행, 식도 없으며, 눈, 귀, 코, 혀, 몸, 마음도 없고, 색, 소리, 향기, 맛, 촉감, 법도 없으며, 눈의 경계도 의식의 경계까지 없다.

무명도 무명이 다함까지도 없고 늙고 죽음도 늙고 죽음이 다함까지도 없다.

고집멸도도 없고 지혜도 얻음도 없다. 얻을 것이 없으므로 보살은 반야바라밀다에 의지하여 마음에 걸림이 없고, 걸림이 없으므로 두려움이 없어서, 뒤바뀐 벗된 생각을 멀리 떠나 완전한 열반에 들어간다.

삼세의 모든 부처님도 반야 바라밀다를 의지하므로 최상의 깨달음을 얻느니라.

반야 바라밀다는 가장 신비하고 밝은 주문이며, 위가 없는 주문이고 무엇과도 견줄 수 없는 주문이니 온갖 괴로움을 없애고 진실하여 허망하지 않음을 알아야 한다. 이제 반야 바라밀다주를 말할 것이다.

아제아제 바라아제 바라승아제 모지 사바하.”

반야심경이 말하고자 하는 것은 해답은 없다는 것이다. 자기 운명은 자기 스스로 개척하는 것이라는 진리를 알려준다. 색즉시공 공즉시색이란 무엇일까? 물질은 곧 공이요, 공이 곧 물질이라는 뜻이다. 색은 우리가 눈에 보이는 세상을 말한다. 부처가 말하는 색즉시공이란 눈에 보이는 것에 미혹되지 말라는 것이다. 존재는 눈에 보이는 것과 보이지 않는 것이 있다. 눈에 보이는 것은 극히 일부이고 보이지 않는 것이 무한하다.

※관자재보살

관자재보살은 불교의 보살 가운데 가장 널리 알려진 보살로, 중생의 소리를 듣고 어디든지 몸을 낮추어 고통과 어려움에서 구제해주는 보살이다. 관세음보살로도 많이 부른다.

학자에게 달린 불법의 해석

복잡하게 불교 개념을 설명한 것 같다. 사실 살아가는 데 이런 복잡한 지식이 쓸모 있을까 하는 생각이 든다. 우리가 법전을 보면 각종 어려운 개념과 용어 그리고 법률들이 난해하게 쓰여 있다. 우리가 일상에서 죄를 짓지 않고 살아간다면 사실 이런 법전은 쓸모가 없다. 왜냐하면 죄를 저지르지 않는 자는 법보다 더 우위에 있는 존재이기 때문이다. 마찬가지로 우리가 청정한 삶을 살아간다면 이런 불법들은 그 의미를 잃는다.

이미 존재로서 불법을 구현하고 있기 때문이다.

　그래서 나는 불법은 학자들의 몫이라고 생각한다. 실제로 깨닫는 데는 불교의 난해한 용어들은 별로 쓸모가 없고 한마음으로 굳게 내린 자신의 의지를 관철하려는 노력이 더 중요하다고 생각하기 때문이다. 용맹전진하며 나아가는 자는 불도에 이를 것이고 가다가 유혹에 지는 사람은 이르지 못할 것이다. 나는 여기서 불법이 쓸모없다고 말하는 것은 아니다. 부처님의 길을 가고 싶다면 어느 정도 불교에 대한 공부는 해야 한다. 또한 불법은 엄연히 부처로부터 나왔고 많은 사람에게 도움이 된 것은 사실이다. 하지만 이런 세세한 내용들은 학자들의 연구에 더 어울리지 실제로 수행하는 사람에게는 큰 도움이 되지 않는다. 명상이나 선 역시 호흡 알아차리기와 같은 기본적인 것부터 실시해야 한다. 어려운 명상법을 처음부터 실시하는 것은 초심자를 어렵게 만드는 것이다.

10
장

제2의 붓다가 되리라
– 붓다의 10대 제자

붓다의 10대 제자를 아시나요?

사리불

목건련

마하가섭

아나율

아난다

우바리

부루나

수보리

가전연

라훌라

붓다의 10대 제자를 아시나요?

이 글의 마지막 장으로 붓다의 제자에 대해 쓰게 된 것은 붓다에게도 여러 훌륭한 제자들이 있었다는 것을 알리기 위함이다. 요한, 베드로, 마태, 마가 등 예수님의 제자들은 일반 사람들에게도 잘 알려진 것에 비해 붓다의 제자들은 사람들에게 잘 알려지지 않았다. 하지만 예수님이 열두 제자를 가졌듯이 붓다 역시 열 명의 주요 제자들이 있었다. 사리불, 목건련, 마하가섭, 아나율, 아난다, 우바리, 부루나, 수보리, 가전연, 라훌라가 그들이다. 이들은 붓다가 살아 있을 때나 해탈한 이후에나 설법을 하여 붓다의 가르침을 전파하기 위해 노력했다.

특이한 점은 가룟 유다처럼 자신을 배신하는 제자는 없었다는 점이다. 이는 부처님이 운이 좋았던 면도 있지만 워낙에 성품이 훌륭해서 제자를 비롯해 적이 될 만한 존재가 거의 없었다는 것을 반증한다.

사리불

사리불은 브라만주 출신으로 왕사성의 북쪽 부근에 있는 마을에서 출생하였다. 육사외도의 한 사람인 회의론자 산자야의 제자가 되어 수행하다가, 불제자인 아사지의 설법을 듣고 250명의 제자들과 함께 붓다의 가르침에 귀의하였다. 지혜가 뛰어나 '지혜 제일' 또는 '법왕자'라고 불렸다. 경전에 의하면 종종 석가모니 붓다를 대신하여 설법도 하였다. 석가모니의 아들인 라훌라가 출가하였을 때 그를 가르치고 돌보는 역할을 하였다.

지혜로운 사리불은 부처님의 10대 제자 중에서도 첫 번째로 거론되곤 했다. 가르침을 전하는 장군이라는 말로도 칭송되었다.

목건련

목건련은 브라만 출신으로 왕사성에서 출생하였다. 처음에는 사리불과 함께 육사외도의 한 사람인 산자야를 모시고 수행하였으나 사리불이 붓다에게 귀의하는 것을 보고 제자들과 함께 석가모니에게 귀의하였다. 하늘을 나는 등 여러 가지 신통에 뛰어났기 때문에 '신통 제일'이라 칭송되었다. 마하목건련 또는 목련존자라고도 부른다. 불교를 믿지 않는 사람들에 의해 음해를 받았으며, 불교 교단을 질투하던 불신자들에게 살해되었다. 생전에 악업을 많이 지은 어머니가 죽어 지옥에 태어나 극심한 고통을 받고 있음을 보고서, 붓다의 가르침에 따라 승려들을 공양하여 어머니를 구출하였다는 설화로 유명하다.

목건련은 사리불과 함께 부처님의 2대 제자로 손꼽힌다.

마하가섭

마하가섭은 가섭 또는 대가섭이라고도 한다. 마가다국 왕사성의 큰 부자였던 브라만의 아들로 태어난 그는 어릴 때부터 종교에 관심이 많았다. 출가하려고 하였으나 부모의 반대로 결혼하게 되었으며, 이후 부모가 죽자 붓다의 가르침에 귀의하게 되었다. 마하가섭은 엄격한 금욕 수행을 잘하였으므로 '두타 제일'이라 일컬어지고 있다.

가섭은 붓다의 입멸 후 사실상 불교 승단의 지도자 역할을 하였다. 붓다가 가르친 교법과 계율을 결집하는 모임인 제1결집을 주도하였다. 중국 선종에서는 마하가섭을 참선하는 방법을 받아 이어준 제1조로 높이 받들고 있다. 스님들은 붓다의 후계자가 가섭이었음을 주장한다. 마하가섭은 말년에 왕사성 근교 계족산에 들어가서 석가모니 붓다가 맡긴 가사를 미륵불에게 전달하기 위해 선정 삼매에 들었다고 전하는 문헌도 있다.

아나율

아나율은 석가모니 붓다의 사촌으로 붓다의 다른 사촌인 아난다 등과 함께 출가하였다. 붓다가 설법하는 자리에서 졸다가 지적을 받았다.

부처님은 말했다.

"너는 수행하는 사문으로 한번 잠을 자면 깨어날 줄 모르고 졸고 있으니 이런 버릇을 고쳐야겠다."

"잠을 자기를 좋아하니 어찌 사문이라 할 수 있겠느냐?"

아냐율은 말했다.

"절대 부처님 앞에서 졸지 않겠습니다."

이후 아나율은 눈을 감지 않고 수행하다가, 눈에 병이 났고 마침내는 보지 못하게 되었다. 대신 천안이 열려 '천안 제일'이라고 불렸다. 실명한 후 바느질할 때 어려움을 호소하니 붓다가 직접 와서 도와주었다는 일화가 있다.

아난다

아난다는 줄여서 '아난'이라고 한다. 아난다는 기쁨 또는 환희라는 뜻이다. 아난은 석가모니불의 사촌 동생으로 난다, 아나율 등과 함께 출가하였다. 붓다가 입멸할 때까지 25년간 항상 붓다를 가까이 모시면서 그의 가르침을 가장 많이 들었으므로, '다문 제일'로 불렸다. 여성의 출가 교단, 즉 비구니 승가의 성립에 주요한 역할을 하였다. 불멸 후 결집할 때 경전을 편집하는데 가장 핵심적인 역할을 하였다. 아난다는 초기 불교 경전의 여러 곳에서 붓다의 대담자로 등장하며, 기억력이 출중한 것으로 묘사되고 있다. 아난은 특히 외모가 뛰어난 것으로 유명한데 다음과 같은 게송까지 있었다.

"얼굴은 맑은 보름달 같고 눈은 푸른 연꽃 같은데 불법의 큰 바닷물이 아난의 마음속으로 흘러들었도다. 사람들의 마음과 눈으로 하여금 보기만 하면 크게 환희하게 하고 부처님을 뵈러 온 이들 잘 인도하여 화목함을 잃지 않네."

아난은 수려한 외모와 탁월한 총명함, 선량한 마음과 다정다감한 목소리까지 지녔다고 한다.

우바리

우바리는 천민 계급 출신으로 출가 전 카필라바스투의 석가족 왕실의 이발사였다. 아나율 등 붓다의 사촌들이 출가하는 것을 보고 동반하여 출가하였다. 10대 제자 중 유일하게 천민 계급 출신이지만 가장 존경받는 인물 중의 한 사람이 되었다. 승단의 규율을 누구보다도 잘 알고 준수하였다. 그래서 '지계 제일' 또는 '지율 제일'로 불린다. 붓다의 입멸 직후 왕사성에서 개최된 결집에서 우바리는 율과 관련된 사항을 결집하는 데 주도적 역할을 하였다.

부루나

부루나는 카필라바스투 근교 부유한 브라만 가문에서 붓다가 탄생하던 날에 태어났다. 불법을 가르치는데 탁월하여 '설법 제일'이라 칭한다. 붓다가 깨달음을 이루고 녹야원에서 최초로 설법을 한다는 소식을 듣고 붓다를 찾아가 귀의하게 되었다. 붓다의 가르침을 알리는데 온갖 장애를 극복하고 최선을 다하였다. 부루나가 험한 지역에 가서 전법 활동을 하려는 것에 붓다가 걱정하자 부루나는 불법을 전하기 위해서라면 칼에 찔려 죽어도 달게 받아들이겠다고 대답한다. 그의 포교에 의해 500명의 우바새와 500명의 우바이주가 생겨났으며, 500개의 사찰이 지어졌다고 한다.

수보리

수보리는 사위국의 브라만 가문의 아들로 태어났다. 그는 어릴 적에 영리하였지만 성질이 좋지 않아 쉽게 화를 내었다. 숙부였던 수달다장자가 기원정사를 건립하고 붓다를 초청하여 법문을 들었을 때, 수보리는 그 설법을 듣고 출가하였다. 붓다의 가르침 중 공에 대하여 누구보다도 가장 빠르게 그리고 깊게 이해하였으므로 '해공 제일'이라고 한다. 내면의 고요를 응시하여 오로지 수행에만 힘쓰고 남과 대립하거나 다투는 일이 없었으므로 '무쟁 제일'이라고도 불렸다. 또 남이 보지 않아도 수행을 게을리하지 않았다 하여 '은둔 제일'이라 칭해지기도 하였다. 수보리는 공의 이치에 대해 깨달았다. 진리자체가 인과 연을 떠난 공임을 알게 된 것이다. 이 깨달음을 바탕으로 수보리는 부처님과 대화를 나누는데 이 대화를 기록한 것이 금강경이다.

가전연

가전연은 마하가전연이라고도 불린다. 가전연은 서인도의 아반티에서 태어났다. 가전연은 브라만 출신으로 부친이 국왕의 스승인 재력과 권력을 갖춘 가문의 둘째 아들로 태어났다. 가전연의 부모는 가전연을 학자로 유명한 외삼촌에게 보냈다. 그는 숙부인 아시타로부터 여러 종교를 배웠다. 아시타는 가전연에게 붓다의 제자가 되라는 유언을 남기고 눈을 감는다. 붓다의 말씀을 해석하고 상세하게 설명하는데 탁월하여 '논의 제일', 또는 '분별 제일'이라 불리게 되었다. 가전연은 도리에 맞는 명쾌한 변론으로써 불법을 지키고 전하는 데 헌신적이었다. 가전연은 브라만 논사들이나 국왕, 귀족들을 감화시키는데 뛰어났다.

라훌라

라훌라는 붓다가 출가하기 전 부인 야소다라와의 사이에서 태어난 외 아들이다. 태자 싯다르타가 출가 직전 아내가 아들을 낳았다는 소식을 듣게 되었을 때, 태자는 "아, 라훌라!"라고 말하였다고 한다. 이렇게 하여 갓 태어난 아들은 라훌라, 즉 '장애'라는 이름을 얻게 되었다. 남의 눈에 띄지 않는 가운데도 인욕과 계율 준수를 철저히 해 '밀행 제일'이라는 칭 호를 받는다. 붓다가 성도 후 고국 가비라성으로 돌아왔을 때 라훌라를 출가시켰다.

라훌라는 출가 초기에 자주 사람들을 놀리거나 거짓말을 자주 했다고 한 다. 이에 부처님은 라훌라가 준 물로 발을 씻으신 후 다음과 같이 물으셨다.

"라훌라야 너는 이 물을 마실 수 있겠느냐?"

"아니요. 마실 수 없습니다."

"왜 마실 수 없다는 것이냐?"

"발을 씻어서 더러워졌기 때문입니다."

"그렇다, 라훌라야. 너도 바로 그와 같다. 비록 수행자가 되었으나 정 진해 행동을 삼가지 않으면 안 되느니라."

부처님의 말씀을 들은 라훌라는 더 열심히 수행했다고 한다.

에필로그

책 한 권으로 방대한 붓다의 사상을 담으려는 시도는 애초에 무리였을지 모른다. 하지만 내가 책을 읽어가면서 배워가는 개념과 이야기 그리고 깨달음 위주로 글을 구성해 보았다. 필자 역시 불교의 초보자였기에 필자의 시선에 따라 내용을 파악하면 불교 초심자들에게 많은 도움이 될 것을 확신한다. 많은 경전 중에서 한 구절이라도 그 뜻을 알고 실천한다면 단순히 종교적 성과를 넘어서 인생에 값진 보배로 다가올 것이다. 육조 혜능대사가 금강경의 한 구절을 듣고 깨침을 얻었듯이 이 책의 한 구절이라도 읽고 자신의 삶에서 새로운 면을 발견해낸다면 이 책의 역할은 다한 것으로 볼 수 있겠다.

이 책은 단숨에 영감이 벼락처럼 내리쳐 단숨에 일필휘지로 쓴 글은 아니다. 천천히 정성을 들여 꼼꼼하게 썼다. 필자는 교사이기에 하루 종일 교사 일을 하고 퇴근 후 저녁을 먹고 도서관과 카페를 오가면서 책을 읽고 집에서 글을 썼다. 헤밍웨이는 노인과 바다를 100번 고쳐 썼다고 한다. 그리고 노벨 문학상을 수상했다. 이글은 헤밍웨이 수준의 글도 아니고 상을 바란 글도 아니지만 거듭 내용을 살펴보며 고쳤다. 책을 읽고 글을 써가면서 지식과 생각이 하나둘 늘어감이 좋았지만 한편 매우 지루하고 고단한 작업이었다.

나는 이 책을 선택한 사람은 평등과 행복을 추구하는 엘리트라고 생각한다. 현재 당신이 그렇지 못하다면 머지않아 사회의 리더가 될 것이라고 믿는다. 자신감을 갖고 당신의 삶을 살아가라. 당신은 할 수 있을 것이다.

세상의 누군가에게는 윤회나 전생, 보시, 홀로 살아가기와 같은 개념들이 웃기는 소리일 수도 있다. 하지만 불교를 포함해 모든 것은 세상에 쓸모가 있기에 남겨져 있는 것이다.

인생을 걸어간다는 것은 불교적 입장이 아니더라도 대부분 고통의 시간이다. 이런 고통의 시간 동안 기쁨이 되는 불법을 만나게 되어서 당신은 행운아다. 이 책을 읽고 당신의 고통이 덜해지기를 그리고 행복한 삶을 살아가기를 간절히 발원해 본다.

부록

붓다에게 배우는 행복한 삶의 비밀 – '감사노트' 적어보기

"감사합니다."는 모든 문화권에서 '엄마', '아빠' 다음으로 가장 먼저 가르치는 문장이라고 한다. 불교를 포함한 모든 종교에서도 중요하게 가르치는 것이 바로 감사이다. 매일 당신의 모든 인생에서 감사한 일 10가지를 찾아 적어보아라. 단순히 감사노트를 적는 것만으로도 당신의 삶이 행복해질 것을 믿는다.

1. _____

2. _____

3. _____

4. _____

5. _____

6. _____

7. _____

8. _____

9. _____

10. _____

참고 도서

『미소짓는 발걸음』 틱낫한 지음, 열림원

『성철스님과 나』 원택 지음, 장경각

『불교의 모든 것』 곽철환 지음, 행성B

『불교 기초 입문』 키따바다께 덴세이 지음, 조명렬 옮김, 글터

『혜능 육조단경』 혜능 지음, 단청 풀어씀, 김진무 옮김, 일빛

『금강경 공부하기』 정천구 지음, 작가서재

『읽는 그대로 깨달음의 시』 법현 지음, 숨

『불교고전』 곽철환 지음, 불광출판사

『아함경』 마스타니 후미오 지음, 이원섭 옮김, 현암사

『읽기만 해도 신심 나는 법구경 이야기』 원빈 지음, 이층버스

『육조단경과 마음공부』 법상 지음, 민족사

『열반경』 다무라 요시로 지음, 이원섭 옮김, 현암사

『숫타니파타』 법정 지음, 이레

『깨달음으로 읽는 반야심경』 장길섭 지음, 나마스테

『법화경 마음공부』 페이융 지음, 유노북스

『부처님 8대 인연 이야기』 정찬주 지음, 김영사

『도표로 읽는 불교 입문』 이자랑·이필원 지음, 배종훈 그림, 민족사

『타이탄의 도구들』 팀 페리스 지음, 토네이도

『미라클 모닝 밀리어네어』 할 엘로드 지음, 한빛 비즈

『허영만 부자 사전 2』 허영만 지음, 위즈덤하우스

『부처님의 십대 제자』 조민기 지음, 맑은 소리 맑은 나라

『붓다와 39인의 제자』 이자랑 지음, 한걸음 더

『반야심경 마음공부』 페이융 지음, 유노북스

무재 칠시에 관한 글, 불교 신문, 인터넷 자료

붓다의 제자들에 관한 자료, 한국 민족문화 대백과 사전

팔정도에 관한 자료, 네이버 블로그, 각원사불교대학 참조

사성제에 관한 자료, 나무위키 참조